Volume 9

BIBLIOTECA DO GESTOR

Gestão Financeira, Orçamentação e Controlo Orçamental

TÍTULO ORIGINAL
Gestão Financeira, Orçamentação e Controlo Orçamental – Volume IX

© Manuel Alberto Ramos Maçães e Conjuntura Actual Editora, 2017

Todos os direitos reservados

AUTOR
Manuel Alberto Ramos Maçães

CONJUNTURA ACTUAL EDITORA
Sede: Rua Fernandes Tomás, 76-80, 3000-167 Coimbra
Delegação: Avenida Engenheiro Arantes e Oliveira, n.º 11 – 3.º C
1900-221 Lisboa – Portugal
www.actualeditora.pt

DESIGN DE CAPA
FBA.

PAGINAÇÃO
Edições Almedina

IMPRESSÃO E ACABAMENTO
PAPELMUNDE

Outubro, 2017

DEPÓSITO LEGAL
432410/17

Toda a reprodução desta obra, por fotocópia ou outro qualquer processo, sem prévia autorização escrita do Editor, é ilícita e passível de procedimento judicial contra o infrator.

 GRUPOALMEDINA

BIBLIOTECA NACIONAL DE PORTUGAL – CATALOGAÇÃO NA PUBLICAÇÃO

MAÇÃES, Manuel, 1946-

Gestão financeira, orçamentação e controlo
orçamental. - (Biblioteca do gestor ; 9)
ISBN 978-989-694-232-8

CDU   658

Volume 9

BIBLIOTECA DO GESTOR

Gestão Financeira, Orçamentação e Controlo Orçamental

Índice

Lista de Figuras 7

Prefácio 9

Capítulo 1 – Gestão Financeira 13

Papel da Contabilidade e da Informação Contabilística 16

Funções do Gestor Financeiro. 19

A Gestão Financeira nas Organizações. 22

Demonstrações Financeiras 24

Balanço 25

Demonstração dos Resultados. 33

Demonstração dos Fluxos de Caixa 36

Análise Económico-Financeira de Empresas 38

Decisões de Investimento 51

Tipos de Investimentos 51

Tramitação de um Projeto de Investimento 52

Avaliação Financeira de Projetos de Investimento 53

Decisões de Financiamento 58

Fontes de Financiamento 59

Financiamento de Curto Prazo 60

GESTÃO FINANCEIRA, ORÇAMENTAÇÃO E CONTROLO ORÇAMENTAL

Crédito de Fornecedores 61

Crédito Bancário. 62

Factoring 62

Financiamento de Longo Prazo 63

Financiamento com Capitais Próprios 64

Financiamento com Capitais Alheios (Corporate Finance) . . 65

Project Finance e Parcerias Público Privadas (PPP) 71

Capital de Risco, Business Angel e Private Equity 75

Resumo do Capítulo 78

Questões 80

Referências 81

Capítulo 2 – Orçamentação e Controlo Orçamental . . . 83

Introdução 86

Orçamentos e Previsões 87

Orçamentos Funcionais. 89

Orçamentos Fixos e Orçamentos Flexíveis. 96

Processo de Controlo Orçamental. 97

Objetivos do Controlo Orçamental 101

Vantagens e Limitações do Controlo Orçamental 102

Resumo do Capítulo 104

Questões 105

Referências 106

Anexo 109

Exemplo Prático de Orçamentação Resolvido 109

Lista de Figuras

Figura 1.1 Funções do Gestor Financeiro 20

Figura 1.2 Balanço Esquemático 26

Figura 1.3 Balanço Sintético 31

Figura 1.4 Fundo de Maneio 31

Figura 1.5 Demonstração dos Resultados Esquemática 34

Figura 1.6 Demonstração dos Resultados Sintética 36

Figura 1.7 Demonstração dos Fluxos de Caixa 37

Figura 1.8 Balanço Financeiro 39

Figura 1.9 Processo de Investimento 52

Figura 1.10 Orçamento de Tesouraria 61

Figura 2.1 Processo de Orçamentação 88

Figura 2.2 Orçamento Financeiro 101

Prefácio

A gestão é uma área do conhecimento das ciências sociais muito recente, na medida em que só a partir dos anos 80 ganhou a maioridade e o estatuto de autonomia relativamente à economia. Para compreendermos este fenómeno basta atentarmos no facto de que, até essa altura, apenas havia cursos de economia, contabilidade e finanças nas nossas universidades e institutos politécnicos, que continham nos seus planos de curso algumas disciplinas de áreas afins à gestão, mas não havia cursos específicos de gestão.

Nos finais do século XX e início do século XXI assistiu-se a um crescimento exponencial da gestão, seja pelo aumento das necessidades das empresas, motivado pela complexidade dos problemas que começaram a ter que enfrentar, em virtude designadamente do fenómeno da globalização e do aumento da concorrência internacional, seja pela forte atração dos candidatos pelos inúmeros programas de licenciatura e pós-graduação em gestão que proliferam pelas universidades e institutos politécnicos. Os números falam por si e os cursos de gestão são dos que motivam maior interesse dos jovens candidatos ao ensino superior e que continuam a oferecer maiores oportunidades de empregabilidade.

Presume-se, por vezes, que os bons gestores têm qualidades inatas e que apenas precisam de pôr em prática essas qualidades para serem bons gestores, relegando-se para segundo plano o estudo das teorias e técnicas de gestão. Nada de mais errado e perigoso. A gestão estuda-se e os bons gestores fazem-se aplicando na prática a teoria. Os princípios de gestão são universais, o que significa que se aplicam a todas as organizações, sejam grandes ou pequenas, públicas ou privadas, com fins lucrativos ou sem fins lucrativos. A boa gestão é necessária em todas as organizações e em todas as áreas de negócio ou níveis organizacionais.

Esta postura de se pensar que, para se ser bom gestor, basta ter bom senso e caraterísticas inatas de liderança é errada, tem um preço elevado e é responsável pelo fracasso e falência de inúmeras empresas e organizações. Ao contrário da opinião generalizada, que advoga a inutilidade dos conhecimentos teóricos, há estudos que comprovam a relação benéfica da teoria com a prática e que há inúmeros casos, em Portugal e no estrangeiro, de empresas bem geridas por executivos com forte formação teórica e académica.

Esta **miopia de gestão**, mesmo entre os gestores, justifica, por si só, a apresentação desta biblioteca do gestor.

O objetivo desta coleção é facultar a estudantes, empregados, patrões, gestores de todos os níveis e investidores, de uma forma acessível, as principais ideias e desenvolvimentos da teoria e prática da gestão. As mudanças rápidas que se verificam no ambiente dos negócios, a nível interno e internacional, pressionam as organizações e os gestores no sentido de procurarem novas formas de resposta aos novos desafios, com vista a melhorar o desempenho das suas organizações. Este livro, bem como os restantes da coleção, visa também estimular o gosto dos estudantes e gestores pelos assuntos da gestão, ao apresentar no final de cada capítulo questões específicas para discussão de cada tópico.

Ao elaborar esta coleção, tivemos a preocupação de ir ao encontro das necessidades que hoje se colocam aos gestores e de tornar o texto relevante e facilmente percetível por estudantes e gestores menos versados em temas de gestão. Além de sistematizar os desenvolvimentos da teoria da gestão, desde a sua origem até aos nossos dias e de estudar as funções do gestor, nesta coleção são apresentados e discutidos os principais métodos, técnicas e instrumentos de gestão nas áreas da produção, do marketing, da gestão financeira e da gestão dos recursos humanos, para além da preocupação de fazer a ligação da teoria com a prática. Daí a razão da escolha do título para a coleção...

Capítulo 1
Gestão Financeira

Este capítulo é dedicado à gestão financeira, que é a área responsável pela gestão do fluxo dos recursos financeiros colocados à disposição da organização. Na primeira parte deste capítulo descrevem-se os fundamentos da gestão financeira e faz-se a análise das demonstrações financeiras fundamentais a que o gestor financeiro recorre.

De seguida, será analisada a situação económico-financeira e o desempenho da empresa nos seus diferentes aspetos, designadamente no que se refere ao equilíbrio financeiro, liquidez, solvabilidade e rendibilidade. São focadas as principais decisões financeiras que os gestores têm que tomar em matéria de investimento e de financiamento.

Finalmente serão abordados os principais métodos de análise e avaliação de projetos de investimento e apresentadas as principais modalidades de financiamento de curto e médio e longo prazo a que as empresas podem recorrer, incluindo o financiamento de grandes projetos empresariais, como o *project finance* e as parcerias público-privadas.

Depois de ler e refletir sobre este capítulo, o leitor deve ser capaz de:

- Conhecer as funções do gestor financeiro.
- Interpretar o balanço e a demonstração de resultados de uma empresa.
- Elaborar um orçamento de tesouraria e avaliar a sua importância na gestão financeira das empresas.
- Conhecer os conceitos de estrutura e de equilíbrio financeiro.
- Saber analisar a situação económico-financeira de uma empresa em termos de liquidez, autonomia financeira, solvabilidade e rendibilidade.
- Conhecer os principais métodos de avaliação de projetos de investimento.
- Identificar as principais modalidades de financiamento das empresas.

Papel da Contabilidade e da Informação Contabilística

A contabilidade é um sistema de recolha, análise e comunicação de informação financeira da organização, destinada aos sócios, acionistas, gestores, empregados, fisco, credores e público em geral.

Como qualquer organização tem milhares de transações, para assegurar a consistência, a informação contabilística deve estar subordinada a determinadas normas e procedimentos obrigatórios. É esse o papel do **Sistema de Normalização Contabilística (SNC)**, que é um sistema organizado para identificar, medir, registar e arquivar informação a ser usada na elaboração da informação financeira a prestar pelas organizações.

O SNC, que assimila a transposição das diretivas contabilísticas da União Europeia, é composto pelos seguintes instrumentos:

- Bases para a apresentação de demonstrações financeiras.
- Modelos de demonstrações financeiras.
- Código das contas.
- Normas contabilísticas e de relato financeiro.
- Norma contabilística e de relato financeiro para pequenas entidades.
- Normas interpretativas.

As demonstrações financeiras são uma representação estruturada da posição financeira e do desempenho financeiro de uma organização. O objetivo das demonstrações financeiras é o de proporcionar informação acerca da posição financeira, do desempenho financeiro e dos fluxos de caixa de uma entidade que seja útil a uma vasta gama de utentes na tomada de decisões económicas. São vários os destinatários da informação contabilística, que é utilizada com diversas finalidades:

- Os gestores usam-na para desenvolver objetivos e planos, orçamentos e previsões.
- Os empregados usam-na para planear os benefícios que podem receber, como apoio em sistemas de saúde, férias e reforma.
- Os investidores e credores usam-na para estimar a rendibilidade para os acionistas, determinar perspetivas de crescimento dos negócios e analisar e decidir o risco de crédito.

- As autoridades fiscais usam-na para planear o montante de impostos a cobrar, determinar as taxas de imposto dos indivíduos e dos negócios e assegurar que o montante de impostos é pago atempadamente.
- Os reguladores, como o Banco de Portugal, a Comissão do Mercado de Valores Mobiliários e a Autoridade de Supervisão de Seguros e Fundos de Pensões, usam-na para assegurar o cumprimento das suas obrigações perante o público.

Qualquer organização desenvolve várias relações, não só no seio da própria organização, mas também com o meio envolvente, que lhe fornece os *inputs* (matéria-prima, mão-de-obra, energia, capital, equipamentos) de que necessita para a sua atividade e onde coloca os seus *outputs* (produtos e serviços).

As relações que uma empresa desenvolve com o meio externo são suscetíveis de ter uma expressão quantitativa que a contabilidade financeira regista. Numa definição clássica, a contabilidade financeira regista as relações da empresa com o exterior, enquanto a contabilidade de gestão (contabilidade de custos) regista as relações no seio da própria empresa. Estes dois ramos da contabilidade distinguem-se pelos destinatários da informação.

A contabilidade financeira destina-se a utilizadores externos, como grupos de consumidores, *stakeholders*, fornecedores, bancos, autoridades governamentais. Prepara as Demonstrações Financeiras, como o Relatório de Gestão, o Balanço, a Demonstração dos Resultados e demais peças contabilisticas constantes do SNC.

A contabilidade de gestão serve os utilizadores internos. Os gestores de todos os níveis de gestão precisam de informação para tomar decisões, monitorizar projetos e planear as atividades futuras. Os outros colaboradores também precisam de informação de gestão. Os responsáveis de produção precisam de saber os custos de produção. Por exemplo, antes de lançar um novo produto ou de fazer determinadas melhorias na produção, os responsáveis de compras precisam de saber os custos dos materiais para negociar as condições de compra com os fornecedores, os vendedores precisam de saber o volume de vendas no passado, por produtos, por clientes e por regiões geográficas.

Funções do Gestor Financeiro

Depois de no Volume 1 termos identificado as funções do gestor em termos gerais, vamos agora analisar as funções específicas do gestor financeiro (*CFO-Chief Financial Officer*). Uma abordagem possível é centrarmo-nos nos objetivos da gestão financeira. Outra será analisarmos as funções do gestor financeiro em função do tipo de decisões que toma e do horizonte temporal (curto e médio/longo prazo) em que ocorrem e fazem sentir os seus efeitos (Figura 1.1).

Entende-se como curto prazo as tarefas realizadas num período inferior a um ano e como médio/longo prazo as atividades que têm repercussões num período superior a um ano.

Figura 1.1 Funções do Gestor Financeiro

As **decisões estratégicas** têm a ver com as políticas de investimento e de financiamento da empresa, as quais se traduzem na elaboração do plano de investimentos. Por exemplo, uma empresa pretende comprar uma nova máquina para aumentar a sua capacidade produtiva. O gestor financeiro deve analisar o investimento em causa e escolher a melhor alternativa de financiamento possível para concretizar esse investimento.

As **decisões operacionais** têm a ver com a definição da política de crédito da empresa, designadamente o prazo concedido aos clientes para fazerem os seus pagamentos ou a política de pagamento a fornecedores. A decisão de concessão de crédito é uma decisão operacional, pois está diretamente relacionada com as condições de exploração da empresa.

Abordámos as funções do gestor financeiro na ótica da tarefa. Mas quais são os objetivos da gestão financeira?

Um dos objetivos da gestão financeira é assegurar o **equilíbrio financeiro da empresa.** Para que isso aconteça, a empresa deve desenvolver a sua atividade operacional e realizar os seus investimentos de acordo com a política de financiamento mais adequada. Assim, se a empresa pretende investir a longo prazo, deve utilizar meios de financiamento de longo prazo (por exemplo, a compra de uma máquina para a linha de produção deve ser financiada por empréstimo de médio/longo prazo); se a empresa pretende financiar a compra de matérias-primas ou de mercadorias para armazém, deve utilizar meios de financiamento a curto prazo, como, por exemplo, negociar o crédito com os seus fornecedores ou um financiamento de curto prazo na banca.

Outro dos objetivos da gestão financeira é **maximizar a rendibilidade** da empresa, para que os resultados obtidos possam criar valor para a empresa. Seja qual for a atividade da empresa, os gestores financeiros têm que tomar decisões referentes à alocação de recursos e ao seu financiamento, com o objetivo de maximizar o valor da empresa. No entanto, a um investimento está sempre associado um determinado risco que é preciso minimizar para que a relação entre a rendibilidade e o risco do investimento seja equilibrada.

Um terceiro objetivo da gestão financeira é garantir a **sustentabilidade da empresa a longo prazo** e desta forma garantir a obtenção de resultados líquidos positivos, que pode traduzir-se na distribuição de resultados aos sócios ou, em alternativa, haver uma retenção de resultados para reinvestimento. Embora a aplicação de resultados seja um dos objetivos da gestão financeira, a decisão cabe à Assembleia Geral, depois de apresentado o Relatório e Contas da empresa, que refletem a situação económico-financeira da empresa no exercício anterior.

A Gestão Financeira nas Organizações

As relações que se estabelecem entre as empresas e o exterior e no seu interior vão gerar fluxos físicos e fluxos de informação. Na ótica da gestão financeira, os fluxos a tratar são:

1. **Financeiros (Receitas/Despesas)** – dizem respeito ao relacionamento da empresa com o exterior. Se a empresa fica credora de um elemento externo, diz-se que teve uma receita; se fica devedora diz-se que teve uma despesa.
2. **Monetários (Recebimentos/Pagamentos)** – dizem respeito à entrada (recebimentos) e saída (pagamentos) de meios monetários da empresa.
3. **Económicos (Rendimentos/Gastos)** – dizem respeito ao consumo de *inputs* (gastos) e à obtenção de *outputs* (rendimentos).

Quando uma empresa compra matéria-prima a um fornecedor tem uma despesa. O momento da despesa pode ou não coincidir com o momento do pagamento. Quando uma empresa obtém um produto acabado está a ter um rendimento e quando o vender terá uma receita. No momento em que o cliente pagar o valor da dívida, a empresa terá um recebimento.

Designa-se por **património** de qualquer pessoa ou organização o conjunto de bens, direitos (dívidas a receber) e obrigações (dívidas a pagar). Todos os elementos patrimoniais são suscetíveis de serem representados por unidades monetárias e por isso todos eles são valores. Podemos dividir o património em duas classes distintas.

1. **Ativo**:   Bens + Direitos
2. **Passivo**: Obrigações

O ativo é o subconjunto do património constituído por todos os bens e valores a receber, enquanto o passivo é o subconjunto de todos os valores a pagar.

Exemplo:
O **ativo** inclui os recursos de que a empresa dispõe ou tem direito a receber, como dinheiro em caixa ou depósitos bancários, terrenos, edifícios, viaturas, equipamentos, mobiliário, inventários, dívidas de clientes.

O **passivo** inclui as dívidas da empresa a parceiros exteriores, como financiamentos obtidos, dívidas a fornecedores, dívidas ao Estado, dívidas aos trabalhadores.

A diferença entre o **ativo** e o **passivo** designa-se por **capital próprio**.

Exemplo:
A empresa X dispõe dos seguintes elementos patrimoniais (valores em Euros):

Equipamentos	40 000
Caixa	200
Depósitos à ordem	2 000
Mercadorias	5 000
Investimentos financeiros	20 000
Edifícios e outras construções	1 000 000
Clientes gerais	8 000
Empréstimos obtidos	50 000
Fornecedores gerais	30 000

GESTÃO FINANCEIRA, ORÇAMENTAÇÃO E CONTROLO ORÇAMENTAL

Ativo = 1 000 000+40 000+20 000+5 000+
8 000+2 000+200 = 1 075 200 Euros
Passivo = 50 000 + 30 000 = 80 000 Euros
Capital Próprio = 1 075 200 – 80 000 = 995 200 Euros

Temos, por definição:

Ativo = Passivo + Capital Próprio
Capital Próprio = Ativo – Passivo

A esta expressão chama-se **Equação Fundamental da Contabilidade**.

Quanto ao valor do capital próprio, podemos ter três situações distintas:

- Ativo > Passivo → Capital próprio positivo
- Ativo = Passivo → Capital próprio nulo
- Ativo < Passivo → Capital próprio negativo (situação de insolvência técnica)

Demonstrações Financeiras

Conforme referimos anteriormente, a contabilidade sintetiza os resultados das transações da empresa e elabora documentos contabilísticos para ajudar os gestores a tomar decisões fundamentadas. Os documentos contabilísticos mais importantes elaborados pela contabilidade são as demonstrações financeiras que incluem, entre outros, o **balanço**, a **demonstração dos resultados** e a **demonstração de fluxos de caixa**. A análise conjunta destes três documentos contabilísticos permite avaliar a saúde financeira da empresa e de que forma pode ser afetada, pelo que são documentos essenciais para os gestores financeiros. Desta forma, os primeiros pontos deste capítulo serão dedicados à compreensão dos princípios fundamentais da gestão financeira e das demonstrações financeiras e do seu conteúdo.

Posteriormente, passar-se-á à exposição das ferramentas básicas de análise financeira, que permitem avaliar a situação económico-financeira da empresa, tirando-lhe uma radiografia que pormenorize o que é a empresa e a sua rendibilidade.

Balanço

O **Balanço** é o registo do património da empresa num dado momento, suas dívidas, créditos, capital próprio, ou seja, ativo, passivo e capital próprio.

O **Ativo** de uma empresa representa o que possui, tanto em termos de elementos efetivamente detidos, como em termos de direitos que conferem a posse de algo que ainda não é detido. O ativo é composto pelas rubricas de imobilizado, existências (mercadorias, produtos acabados e matérias-primas), dívidas a receber e disponibilidades (caixa e depósitos). Por seu turno, as dívidas contraídas para financiar o ativo denominam-se por **Passivo.** O passivo pode ser de curto prazo ou de médio/longo prazo, consoante o seu prazo de vencimento e reembolso. Por último, a diferença entre aquilo que a empresa possui (ativo) e o que deve (passivo) corresponde à sua situação patrimonial líquida, ou seja, o **Capital Próprio**.

A Figura 1.2 apresenta o balanço de forma esquemática:

Figura 1.2 Balanço Esquemático

O **Ativo** é composto pelas seguintes rubricas:

- **Ativo não corrente**: representa o que a empresa detém com caráter permanente, isto é, com duração superior a um ano. O ativo não corrente divide-se em quatro rubricas fundamentais – tangível, intangível, investimentos financeiros e investimentos em curso.
- **Ativos fixos tangíveis**: compreende as quantias, líquidas de depreciações e de perdas de imparidades acumuladas, assumidas à data do relato, por ativos fixos tangíveis que a empresa detém. Estes bens são classificados em termos contabilísticos como terrenos, edifícios, equipamentos básicos, equipamentos de transporte, ferramentas e utensílios, equipamento administrativo e taras e vasilhame.
- **Ativos intangíveis:** devem ser registados como imobilizado incorpóreo todos os bens não palpáveis da empresa. São considerados bens imobilizados intangíveis as despesas de instalação, as despesas de investigação e desenvolvimento, a propriedade industrial e outros direitos (patentes, marcas, alvarás, licenças, etc.) e os trespasses.

- **Participações financeiras**: são considerados investimentos financeiros com carácter de permanência as ações, obrigações, empréstimos concedidos, imóveis para arrendamento, depósitos bancários e os títulos de dívida pública detidos pela empresa por um período superior a um ano.
- **Ativos não correntes detidos para venda**: rubrica na qual se incluem as quantias, líquidas de depreciações e de perdas de imparidades acumuladas, dos ativos classificados como não correntes detidos para venda.
- **Ativo corrente:** representa o que a empresa detém com caráter de curto prazo, ou seja, com duração inferior a um ano.
- **Inventários**: correspondem aos materiais que a empresa detém, quer sejam para venda, quer para incorporação na produção (mercadorias, produtos acabados e intermédios ou matérias-primas, subsidiárias e de consumo).
- **Clientes**: esta rubrica inclui as quantias de ativos financeiros relativos a dívidas a receber de clientes, liquidas de perdas de imparidades acumuladas, à data do relato. As dívidas de terceiros poderão ser de curto prazo ou de médio/longo prazo, consoante a previsão de cobrança seja inferior ou superior a um ano.
- **Adiantamentos a fornecedores**: compreende as quantias de ativos financeiros respeitantes a fornecedores de bens e serviços e de investimento cujo preço não esteja previamente fixado.
- **Estado e outros entes públicos**: compreende os ativos correntes por quantias a favor da entidade respeitantes a impostos, taxas e contribuições obrigató-

rias derivadas do relacionamento com o Estado e outros entes públicos.

- **Outras contas a receber**: compreende as quantias de ativos financeiros correspondentes a contas a receber que não estejam inserias nas demais rubricas de contas a receber.
- **Diferimentos**: rubrica que se destina especificamente a evidenciar as quantias respeitantes a despesas e pagamentos que, à data do relato, antecedem o momento de uso ou consumo de rcursos.
- **Caixa e depósitos bancários**: representam fundos monetários da empresa, como dinheiro em caixa, depósitos bancários, aplicações em títulos, por prazo inferior a um ano.

O **passivo** de uma empresa, por seu turno, representa o que esta deve a terceiros de forma a financiar a sua atividade e é constituído pelas seguintes rubricas:

- **Passivo não corrente**: representa o que a empresa deve com caráter permanente, isto é, com duração superior a um ano.
- **Provisões:** compreende as quantias de provisões para acorrer a riscos e encargos que a entidade salvaguarda para fazer face a possíveis perdas.
- **Financiamentos obtidos**: compreende as quantias referentes a passivos financeiros classificados como não correntes, nomeadamente empréstimos bancários de médio/longo prazo, contraídos junto de bancos e instituições financeiras e empréstimos obrigacionistas.
- **Estado e outros entes públicos:** representa as dívidas da empresa para com o Estado, nomeadamente

IVA a pagar, Segurança Social, retenções de IRS, IRC e impostos locais.

- **Outras contas a pagar:** inclui as quantias de passivos financeiros correspondentes a contas a pagar de caráter não corrente, que não estejam inseridas nas demais rubricas de contas a pagar.
- **Passivo corrente:** representa o que a empresa deve com caráter de curto prazo, ou seja, com duração inferior a um ano.
- **Fornecedores:** representam as quantias de passivos financeiros por dívidas a pagar a fornecedores à data de relato.
- **Adiantamento de clientes:** compreende as quantias de passivos financeiros respeitantes a adiantamentos de clientes em transações cujo preço não esteja previamente fixado.
- **Estado e outros entes públicos:** compreende os passivos por quantias em dívida respeitantes a impostos, taxas e contribuições obrigatórias derivadas do relacionamento das entidades com o Estado e outros entes públicos.
- **Financiamentos obtidos:** compreende as quantias referentes a passivos financeiros classificados como correntes, nomeadamente empréstimos bancários de curto prazo contraídos junto de bancos e instituições financeiras ou quantias por responsabilidades de um locatário numa locação financeira.
- **Outras contas a pagar:** inclui as quantias de passivos financeiros correspondentes a contas a pagar de caráter corrente, que não estejam inseridas nas demais rubricas de contas a pagar. Inclui as quantias de adian-

tamentos de clientes em transações cujo preço esteja previamente fixado.

- **Diferimentos**: rubrica que se destinaa evidenciar as quantias respeitantes a receitas e recebimentos que à data do relato devam ser reconhecidos nos períodos seguintes.

Finalmente, o **capital próprio** de uma empresa é representado pela diferença entre o seu ativo e passivo. O capital próprio é constituído pelas seguintes rubricas:

- **Capital realizado**: corresponde ao capital realizado nos termos estatutários. Corresponde à diferença entre a quantia de capital estatutário da entidade e a parte não realizada pelos sócios.
- **Reservas legais**: compreende as quantias respeitantes a reservas não distribuíveis, de génese legal, estatutária ou outra.
- **Outras reservas**: compreende as quantias de todas e quaisquer reservas distribuíveis, cuja afetação decorre de deliberações dos detentores de capital.
- **Resultados transitados**: rubrica que reflete os resultados de períodos anteriores que não foram distribuídos nem transitaram para reservas.
- **Resultado líquido do período**: regista o resultado líquido do período, depois de considerado o imposto sobre o rendimento do período.

O **balanço** de uma empresa não é mais do que a sua situação financeira num dado momento, exprimindo os seus ativos, as dívidas e a diferença entre ambos.

O Balanço sintético, para efeitos de análise, tem a seguinte configuração (Figura 1.3):

Ativo		Capital Próprio	
Ativo não corrente	1 000 000	Capital realizado	1 000 000
Ativo corrente		Resultado líquido do período	45 000
Inventários	65 000	**Passivo**	
Clientes	8 000	Financiamentos obtidos MLP	10 000
Caixa + Depósitos bancários	2 000	Financiamentos obtidos CP	10 000
		Fornecedores	10 000
Total do ativo	**1 075 000**	**Total capital próprio + passivo**	**1 075 000**

Figura 1.3 Balanço Sintético

O **capital realizado** é o valor que os sócios ou acionistas investem no ato de constituição da empresa. A soma do capital próprio e do passivo a médio e longo prazo constitui os **capitais permanentes**, por permanecerem na empresa por um período superior a um ano (Figura 1.4):

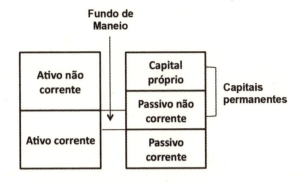

Figura 1.4 Fundo de Maneio

O **Fundo de Maneio** é o excedente do ativo corrente sobre o passivo corrente (ótica de curto prazo), ou o excedente dos capitais permanentes sobre o ativo não corrente (ótica de longo prazo), ou seja:

Fundo de Maneio = Capitais Permanentes – Ativo Não Corrente

Fundo de Maneio = Ativo Corrente – Passivo Corrente

O **Fundo de Maneio Necessário** ou as **Necessidades de Fundo de Maneio (*working capital*)** é a diferença entre os ativos correntes com caráter de permanência (necessidades financeiras de exploração que a empresa precisa para manter os ativos mínimos, com caráter rotativo, necessários para funcionar, como é o caso dos inventários, do crédito concedido a clientes e das disponibilidades) menos os recursos correntes de caráter permanente (crédito de fornecedores + Estado):

Necessidades de Fundo Maneio = Necessidades Financeiras de Exploração – Recursos Financeiros de Exploração

A diferença entre o Fundo de Maneio e as Necessidades de Fundo de Maneio, que representa o saldo (excesso ou insuficiência) existente em recursos de longo prazo, designa-se por **Tesouraria Líquida.** Se o saldo for positivo, significa que a situação da empresa é de desafogo financeiro, assegurando o cumprimento das responsabilidades de curto prazo, uma vez que dispõe de excesso de recursos. Se, pelo contrário, o saldo for negativo, a situação é de aperto de tesouraria, que pode levar a situações de incumprimento no curto prazo.

A situação ideal, em termos de eficiência da gestão financeira, é ter uma tesouraria líquida próximo de zero, o que significa que a empresa tem um fundo de maneio adequado às suas necessidades de funcionamento.

Demonstração dos Resultados

Enquanto o **Balanço** de uma empresa traduz a sua situação financeira num dado momento, a **Demonstração dos Resultados** pretende evidenciar o seu desempenho durante o ano. É a Demonstração dos Resultados que permite medir se a atividade da empresa é rendível, pondo em evidência o que esta ganha (ganhos) e o que perde (gastos). O diferencial entre os rendimentos ou ganhos e os gastos totais denomina--se **Resultado Líquido do Período**, sendo o elemento catalizador do capital investido pelos acionistas.

Resultado Líquido Positivo (ou Negativo) = Rendimentos – Gastos

A Figura 1.5 apresenta o esquema da Demonstração dos Resultados em que o Resultado Líquido do Período é positivo (os ganhos do período excedem os gastos do mesmo período):

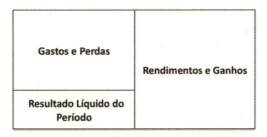

Figura 1.5 Demonstração dos Resultados Esquemática

Os **rendimentos e ganhos** de uma empresa podem subdividir-se em (Figura 1.6):

- **Vendas e serviços prestados:** compreende o rédito apurado no período relativamente à venda de bens e os serviços prestados.
- **Subsídios à exploração**: compreende as quantias atribuídas à entidade a título de subsídios não reembolsáveis relacionados com rendimentos recebidos para potenciar a atividade da empresa.
- **Variação nos inventários de produção**: esta rubrica evidencia as variações das quantias dos inventários de produção, entre o início e o fim do período de relato.
- **Outros rendimentos e ganhos**: compreende todos os rendimentos e ganhos não incluídos em qualquer outra rubrica.
- **Juros e rendimentos similares obtidos**: compreende as quantias de rendimentos obtidos relacionados com o financiamento da entidade.

Os **gastos** subdividem-se em (Figura 1.6):

- **Custos das mercadorias vendidas e das matérias consumidas (CMVMC):** corresponde, para as empresas industriais, ao custo das matérias-primas, subsidiárias e outras matérias consumidas na atividade produtiva de bens e serviços, ou o custo das mercadorias vendidas na atividade comercial da entidade.
- **Trabalhos para a própria entidade**: compreende as quantias reconhecidas como gastos relativos a trabalhos que a entidade realize para si mesma e que devam ser contabilizados no período como ativo.
- **Fornecimentos e serviços externos:** regista os custos pagos ou a pagar a terceiros, quer por serviços prestados, quer por fornecimentos destinados a consumo imediato ou não imediato. Destacam-se a subcontratação, eletricidade, água, combustíveis, material de escritório, rendas, comissões, honorários, etc.
- **Gastos com o pessoal:** esta rubrica expressa todos os valores relativos a remunerações do pessoal e encargos sobre remunerações.
- **Imparidade de dívidas a receber:** compreende as variações líquidas ocorridas no período, referentes a estimativas de perdas por imparidades que afetam as dívidas a rceber.
- **Imparidades de ativos não depreciáveis:** esta rubrica evidencia as variações líquidas ocorridas no período, referentes às estimativas de perdas por imparidades que digam respeito a ativos ou grupos de ativos não sujeitos a depreciação nem a amortização.
- **Provisões:** regista os gastos no período decorrentes das responsabilidades cuja natureza esteja claramente definida e que à data do balanço sejam de ocorrência

provável ou certa, mas incertas quanto ao seu valor ou data de ocorrência.

- **Outros gastos e perdas:** compreende todos os gastos e perdas não incluídos em qualquer outra rubrica.
- **Juros e gastos similares suportados:** compreende as quantias de gastos suportados com o financiamento da entidade.

Gastos		Rendimentos	
Custo das mercadorias vendidas	120 000	Vendas e serviços prestados	200 000
Fornecimentos e serviços externos	30 000	Trabalhos para a própria empresa	20 000
Gastos com o pessoal	25 000	Juros e rendimentos obtidos	5 200
Juros e gastos suportados	5 000		
Total de gastos	**180 000**	**Total de rendimentos**	**225 200**
Resultado Líquido do período	**45 200**		

Figura 1.6 Demonstração dos Resultados Sintética

Demonstração dos Fluxos de Caixa

O mapa de fluxos de caixa descreve os recebimentos e pagamentos efetuados durante o período. Dado que proporciona informação detalhada sobre a forma como a empresa gera e aplica os fluxos de tesouraria, alguns investidores e credores consideram a demonstração de fluxos de caixa o documento contabilístico mais importante. Reflete os efeitos na tesouraria da empresa de três atividades fundamentais do negócio: **fluxos de caixa das atividades operacionais, fluxos de caixa das atividades de investimento e fluxos de caixa das atividades de financiamento.**

A Figura 1.7 apresenta a Demonstração dos Fluxos de Caixa:

Rubricas	Período N	Período N-1
Fluxos de caixa das atividades operacionais	+	+
Recebimentos de clientes	–	–
Pagamentos a fornecedores	–	–
Pagamentos ao pessoal	+/–	+/–
Pagamentos/recebimentos do IRC	–/+	–/+
Outros pagamentos/recebimentos	+/–	+/–
Fluxos de caixa das atividades operacionais (1)	+/–	+/–
Fluxos de caixa das atividades de investimento		
Pagamentos respeitantes a:		
Ativos fixos tangíveis	–	–
Ativos intangíveis	–	–
Investimentos financeiros	–	–
Outros ativos		
Recebimentos provenientes de:	+	+
Ativos fixos tangíveis	+	+
Ativos intangíveis	+	+
Investimentos financeiros		
Outros ativos	+	+
Subsídios ao investimento	+	+
Juros e rendimentos similares	+	+
Dividendos	+	+
Fluxos de caixa das atividades de investimento (2)	+/–	+/–
Fluxos de caixa das atividades de financiamento		
Recebimentos provenientes de:		
Financiamentos obtidos	+	+
Realizações de capital	+	+
Cobertura de prejuízos	+	+
Doações	+	+
Outras operações de financiamento	+	+
Pagamentos respeitantes a:		
Financiamentos obtidos	–	–
Juros e gastos similares	–	–
Dividendos	–	–
Reduções de capital	–	–
Outras operações de financiamento	–	–
Fluxos de caixa das atividades de financiamento (3)	+/–	+/–
Variações de caixa e seus equivalentes(1+2+3)	+–	+/–
Caixa e seus equivalentes no início do período	....	....
Caixa e seus equivalentes no início do período	....	....

Figura 1.7 Demonstração dos Fluxos de Caixa

Os **fluxos de caixa das atividades operacionais** dizem respeito às principais atividades operacionais: fluxos de caixa que resultam da compra e venda de produtos e serviços. Os **fluxos de caixa das atividades de investimento** respeitam ao fluxo líquido utilizado na realização de investimentos. Inclui recebimentos e pagamentos resultantes da compra e venda de inventários, obrigações, imóveis, equipamentos e outros ativos produtivos. Estas fontes de fluxos de caixa não constituem a principal linha de negócio da empresa. Finalmente, os **fluxos de caixa das atividades de financiamento** respeitam ao fluxo líquido de todos os financiamentos. Inclui fluxos de caixa resultantes de empréstimos, bem como saídas de caixa para pagamento de dividendos e pagamento de empréstimos.

Análise Económico-Financeira de Empresas

Observadas e explicadas as demonstrações financeiras mais importantes, passamos então à sua análise. Para tal, são adotadas duas perspetivas:

1. Uma **perspetiva estática,** em que, através da utilização de diversos rácios, se pretende avaliar a estrutura e a atividade de uma empresa e respetiva evolução, tendo como fonte de informação fundamental o Balanço.
2. Uma **perspetiva dinâmica**, em que se pretende acima de tudo medir a rendibilidade de uma empresa de diversos pontos de vista, tendo como fonte de informação fundamental a Demonstração dos Resultados.

A aplicação de uma metodologia de **análise financeira estática** exige que se proceda previamente a uma reorientação do balanço contabilístico, enquanto documento que retrata a situação de uma empresa num dado momento, para um formato mais adequado à aplicação de rácios situacionais. Dessa reorientação resulta o **balanço financeiro**, que tem por preocupação essencial isolar os diferentes ciclos da atividade de uma empresa (Figura 1.8):

- **Ciclo de investimento**, diretamente ligado à aquisição e gestão de ativos imobilizados.
- **Ciclo de financiamento**, ligado à angariação dos capitais necessários ao investimento, através da contração de dívida externa ou de aumentos da participação dos sócios/acionistas no capital realizado.
- **Ciclo de exploração**, agregando tanto os ativos como os passivos ligados à atividade operacional da empresa.

Figura 1.8 Balanço Financeiro

O **ciclo de exploração** corresponde à atividade do dia a dia da empresa e tem como objetivo gerar um retorno para os investimentos realizados. Inclui a compra dos recursos que vão ser transformados no processo produtivo da empresa, desde a aquisição das matérias-primas, mão-de-obra, distribuição e venda dos produtos e todas as atividades de apoio, como a gestão dos recursos humanos, sistemas de informação e investigação e desenvolvimento. Por sua vez, o **ciclo de investimento** envolve todas as formas alternativas de aplicação dos recursos. As decisões de investimento determinam a composição e tipo de ativos e incluem os investimentos em equipamentos, instalações, aplicações financeiras. Finalmente, o **ciclo de financiamento** consiste no processo de seleção e avaliação das melhores formas de financiar os ativos, designadamente as combinações de recursos próprios e alheios. As diferentes combinações de recursos, próprios ou alheios, onerosos ou não, de curto, médio ou longo prazo, definem a **estrutura financeira da empresa**.

As rubricas integrantes do ciclo de financiamento, com carácter de exigibilidade de médio e longo prazo, são normalmente denominadas **capitais permanentes,** ao passo que as rubricas de financiamento de curto prazo se denominam **passivo corrente**. A regra de **equilíbrio financeiro mínimo,** base de um Balanço Financeiro, consubstancia-se no facto de os capitais permanentes serem iguais ou superiores aos ativos não correntes. Se tal não acontecer, verifica-se uma situação em que os ativos não correntes se encontram a ser financiados por capitais alheios remunerados com prazo de pagamento inferior a um ano. Tal situação resultará numa provável asfixia para a empresa, uma vez que os ativos mais facilmente transformáveis em dinheiro (ativos de exploração) não serão suficientes para liquidar os capitais devidos a terceiros com prazo de vencimento inferior a um ano (note-se que se Ativos Não Correntes>Capitais Permanentes, então Ativo Corrente<Passivo Corrente).

Entrando então na temática específica dos rácios de análise financeira estática, dever-se-ão considerar **rácios de estrutura** do Balanço Financeiro, **rácios de gestão ou atividade** da empresa e **rácios de alavancagem**.

Os **rácios de estrutura** subdividem-se em três tipos diferentes de indicadores: os *rácios de estrutura de origens* (capital próprio e passivo) e *aplicações* (ativo) de fundos, os rácios de liquidez *e os* rácios de solvabilidade total e de autonomia financeira.

Os **rácios de estrutura de origens e aplicações de fundos** são extremamente simples e visam unicamente reproduzir percentualmente o peso de cada rubrica ativa ou passiva no total do ativo ou passivo. A sua maior utilidade consiste na leitura rápida do Balanço Financeiro, proporcionando ao analista a possibilidade de se focar imediatamente na proporção de cada um dos seus elementos no total de cada um dos membros do Balanço.

Os **rácios de liquidez (*liquidity ratios*)**, por seu turno, visam essencialmente proporcionar ao analista uma visão sobre a capacidade da empresa honrar os seus compromissos para com os seus credores externos no curto prazo. Ao estabelecer comparações entre as rubricas do ativo cuja transformação em unidades monetárias é mais fácil (maior nível de liquidez) e as rubricas do passivo com menor prazo para vencimento (maior nível de exigibilidade), os rácios de liquidez permitem conhecer quais as possibilidades da empresa fazer face aos seus compromissos de curto prazo. Os rácios de liquidez – **liquidez imediata (*cash ratio*), liquidez reduzida *(acid test ratio)* e liquidez geral (*current ratio*)** – calculam-se da seguinte forma:

$$\text{Liquidez imediata} = \frac{\text{Caixa} + \text{Depósitos bancários}}{\text{Passivo corrente}}$$

$$\text{Liquidez reduzida} = \frac{\text{Caixa} + \text{Depósitos bancários} + \text{Clientes}}{\text{Passivo corrente}}$$

$$\text{Liquidez geral} = \frac{\text{Ativo corrente}}{\text{Passivo corrente}}$$

Como se pode verificar, o rácio de liquidez geral expressa claramente a regra já exposta do equilíbrio financeiro mínimo – caso o rácio seja inferior à unidade, existem mais capitais com exigibilidade de curto prazo do que ativos correntes, o que significa que existem ativos não correntes a serem financiados por capitais alheios de curto prazo.

Finalmente, no que respeita aos **rácios de estrutura**, os **rácios de solvabilidade total** e de **autonomia financeira** são muitíssimo importantes, uma vez que fornecem indicações sobre a estrutura de financiamento da empresa. Mais adiante analisar-se-á a estrutura de capital como algo essencial no que concerne à análise de projetos de investimento. De momento, interessa somente a análise objetiva dos rácios.

$$\text{Autonomia Financeira} = \frac{\text{Capitais próprios}}{\text{Ativo}}$$

O rácio de **autonomia financeira** permite observar qual o peso do capital próprio no financiamento do total das aplicações ou do ativo. Quanto maior for este rácio, maior é a solidez financeira da empresa e maior será a sua capacidade para cumprir os seus compromissos. O valor normal indicativo para este rácio deverá ser superior a 33,33%, ou seja, o capital próprio deve representar pelo menos um terço do ativo.

$$\text{Solvabilidade} = \frac{\text{Capitais próprios}}{\text{Passivo}}$$

A **solvabilidade total** é um rácio que permite igualmente avaliar a estrutura de financiamento da empresa, colocando em evidência a proporção dos capitais investidos pelos acionistas/sócios face aos capitais provenientes de entidades externas (capitais alheios). O valor normal indicativo deste rácio deverá ser superior a 50%.

No que concerne aos **rácios de atividade** (*activity ratios*), subdividem-se em rácios de gestão e rácios de rotação.

Os **rácios de gestão** procuram essencialmente a medição dos ciclos da empresa, nas suas diversas vertentes: recebimentos, pagamentos e armazenagem. O cálculo destas medidas possibilita ao analista tomar conhecimento sobre os dias que, em média, a empresa leva a pagar as suas compras, receber as suas vendas e armazenar as suas existências.

$$\text{Prazo Médio de Recebimentos} = \frac{\text{Dívidas de clientes}}{\text{Vendas + Prestação de Serviços}} \times 360 \text{ dias}$$

$$\text{Prazo Médio de Pagamentos} = \frac{\text{Dívidas a fornecedores}}{\text{Compras + Fornecimentos e Serviços Externos}} \times 360 \text{ dias}$$

$$\text{Duração Média de Produtos Acabados} = \frac{\text{Inventário de produtos acabados}}{\text{Produtos acabados a preços de custo}} \times 360 \text{ dias}$$

$$\text{Duração Média de Matérias Primas} = \frac{\text{Inventário de matérias primas}}{\text{Consumo de matérias primas}} \times 360 \text{ dias}$$

$$\text{Duração Média de Mercadorias} = \frac{\text{Inventário de mercadorias}}{\text{Mercadorias vendidas}} \times 360 \text{ dias}$$

Estas medidas são essenciais, uma vez que, através da sua análise, o gestor poderá corrigir e otimizar as suas operações (por exemplo, poderá verificar que recebe dos seus clientes muito depois do que paga aos seus fornecedores, procurando posteriormente a concessão de crédito por períodos mais curtos aos seus clientes, de forma a aliviar a sua gestão de tesouraria).

Por último, no que concerne à análise financeira estática, resta referir os **rácios de rotação (*turnover ratios*)**. Estes rácios visam medir o grau de eficiência da empresa na utilização dos seus recursos, traduzida no volume de vendas que a empresa consegue realizar, utilizando os recursos que tem ao seu dispor. Por exemplo, um grau de rotação do ativo igual a 2, significa que com cada Euro de que dispõe a empresa consegue vender 2 Euros. Quando maiores forem os graus de rotação das diversas rubricas do balanço maior é o grau de eficiência da empresa na utilização dos seus recursos.

$$\text{Rotação do ativo} = \frac{\text{Vendas}}{\text{Total do ativo}}$$

$$\text{Rotação do ativo corrente} = \frac{\text{Vendas}}{\text{Ativo corrente}}$$

$$\text{Rotação do ativo não corrente} = \frac{\text{Vendas}}{\text{Ativo não corrente}}$$

$$\text{Rotação do capital próprio} = \frac{\text{Vendas}}{\text{Capital próprio}}$$

A análise financeira da empresa numa **perspetiva dinâmica** incide sobre a sua rendibilidade e respetiva evolução, tendo como principal fonte de informação a Demonstração dos Resultados.

No entanto, e tal como sucedeu com o Balanço em sede de análise financeira estática, também a Demonstração dos Resultados deve ser alvo de algumas correções em termos de forma, para ser mais facilmente interpretada numa ótica de análise da rendibilidade.

Vendas + Serviços Prestados
- Custo das mercadorias vendidas e matérias consumidas
= **Margem de contribuição (MC)**
+ Outros rendimentos operacionais
- Fornecimentos e serviços externos
- Gastos com o pessoal
- Impostos operacionais
- Outros gastos operacionais
= **Resultado antes de juros, imposto e depreciações (EBITDA)**
- Depreciações
= **Resultados antes de juros e imposto (EBIT)**
+ Rendimentos financeiros
- Gastos financeiros
= **Resultado antes de imposto (EBT)**
- Imposto sobre o rendimento do período **(IRC)**
= **Resultado Líquido do Período**

Dado o carácter meramente introdutório deste capítulo, na análise económica da empresa procurar-se-á abordar basicamente dois vetores essenciais:

- **Teoria Custo–Volume–Resultados (CVR)** e a sua explicação da rendibilidade e risco de exploração.

- Os indicadores de **Rendibilidade do Ativo Total (*Return on Assets*-ROA), Rendibilidade do Investimento (*Return on Investment*-ROI) e Rendibilidade do Capital Próprio (*Return on Equity*-ROE).**

A teoria CVR pretende fornecer os indicadores necessários para que o analista confronte os resultados de exploração de uma empresa com o seu nível de atividade, estabelecendo parâmetros de comportamento entre os ganhos e os gastos de exploração e a atividade operacional da empresa. É uma teoria que assenta em alguns pressupostos de base, a saber:

- Existe uma separação total entre gastos fixos (independentes do nível de atividade da empresa ou das quantidades produzidas) e gastos variáveis (dependentes do nível de atividade).
- Os gastos fixos são estáveis.
- Os gastos variáveis são proporcionais ao nível de atividade.
- A proporção de cada produto produzido mantém-se mesmo que ocorram alterações no nível de atividade.
- O preço de venda unitário é estável ao longo do tempo.
- Não existe formação de inventários.

Segundo a teoria CVR, os resultados de exploração de uma empresa resultam das suas vendas deduzidas dos seus custos variáveis e dos seus custos fixos de exploração. A diferença entre o volume de vendas e prestação de serviços e os custos variáveis associados com a produção e comercialização do produto designa-se por **margem bruta ou margem de contribuição (MC).** É com esta margem que a empresa vai pagar os gastos fixos de produção e comercialização, assim como os gastos gerais associados ao produto e gerar o resultado líquido do período.

Os rácios de alavancagem referem-se ao financiamento da atividade da empresa com recurso a capitais alheios. Uma empresa que recorre à alavancagem, dentro de certos limites, consegue crescer mais do que se recorrer exclusivamente a capitais próprios (efeito de alavancagem). Contudo, se alavancar demasiado pode pôr em risco a empresa, por não conseguir libertar fundos suficientes para reembolsar o serviço da dívida (capital e juros). Por conseguinte, os gestores devem conjugar o efeito de alavancagem com os rácios de autonomia financeira e solvabilidade, para se assegurarem de que o endividamento da empresa se mantém dentro dos limites aceitáveis.

O **Grau de Alavancagem Económico (GAE)** é um indicador de risco económico que procura medir a sensibilidade dos resultados operacionais face às variações das vendas, isto é, saber em que medida as variações das vendas afetam os resultados operacionais. Por outras palavras, o GAE permite estabelecer uma relação direta entre os resultados de exploração e o seu nível de atividade, expresso em termos de unidades produzidas. Quanto maior for o GAE, maior será o risco económico a que a empresa está sujeita:

$$GAE = \frac{\text{Margem de Contribuição (MC)}}{\text{Resultado Operacional (EBITDA)}}$$

O **Grau de Alavancagem Financeira (GAF)** permite analisar a capacidade da empresa para maximizar a rendibilidade dos capitais próprios, através de uma combinação adequada de capitais próprios e de capitais alheios. Quando a empresa recorre a capitais alheios, verifica-se a existência de um efeito de alavancagem financeira, que pode ser positivo se a Rendibilidade do Ativo (ROA) for superior ao custo do capital alheio e, por essa via, aumentar a Rendibilidade do Capital Próprio (ROE), ou negativo, na situação inversa.

O Grau de Alavancagem Financeira é um indicador de risco financeiro, que mede a sensibilidade do Resultado Líquido do Período face a variações do Resultado Operacional:

$$GAF = \frac{\text{Resultado Operacional (EBITDA)}}{\text{Resultado antes de Impostos (EBT)}}$$

Sendo um indicador que procura aferir o impacto do resultado operacional no resultado líquido do período, quanto maior for o valor do GAF, maior será o risco financeiro da empresa. Se, por exemplo, o GAF for 2, significa que se o resultado operacional aumentar 1%, o resultado antes de imposto e o resultado líquido do período aumentarão 2% e se o GAF for –2, significa que se o resultado operacional diminuir 1%, o resultado antes de imposto e o resultado líquido do período baixarão 2%.

A conjugação da análise do risco económico e do risco financeiro permite avaliar o risco global da empresa. O **Grau de Alavancagem Combinado (GAC)** procura medir o efeito combinado do Grau de Alavancagem Económico (GAE) e do Grau de Alavancagem Financeiro (GAF) e é dado pela seguinte expressão:

$$GAC = GAE \times GAF = \frac{MC}{EBITDA} \times \frac{EBITDA}{EBT} = \frac{MC}{EBT}$$

Como o GAC procura medir o impacto da variação do volume de vendas no resultado antes de imposto e no resultado líquido do período, naturalmente que quanto maior for o valor do GAC maior será o risco global da empresa.

A teoria do CVR permite o cálculo do **ponto crítico de vendas** ou **ponto de equilíbrio (*breakeven point*)**. Corresponde ao nível de atividade em que os gastos totais (gastos fixos + gastos variáveis) são iguais ao volume de vendas, ou seja, os resultados de exploração são nulos. Uma forma de apresentar o ponto de equilíbrio é dizer que a margem de contribuição total é igual aos gastos fixos. Esta medida é fundamental, uma vez que indica qual o nível de atividade correspondente ao limiar da viabilidade económica da empresa – capacidade que esta tem de gerar fundos de exploração suficientes para satisfazer os interesses dos credores externos e dos acionistas.

$$\text{Ponto crítico de vendas} = \frac{CF}{1 - CV/V} \text{ (em valor)}$$

$$\text{Ponto crítico de vendas} = \frac{CF}{P - CVu} \text{ (em quantidades)}$$

Sendo:
CF = Total dos custos fixos
V = Vendas
P = Preço de venda
CV = Custos variáveis
CVu = Custos variáveis unitários

A **Rendibilidade do Investimento Total (***Return on Assets* – **ROA)** constitui uma medida da rendibilidade do negócio, uma vez que confronta o resultado operacional com o ativo total líquido.

$$ROA = \frac{EBIT}{Total\ do\ ativo}$$

A *Rendibilidade do Investimento* (*Return on Investment* – **ROI)** será dada pela proporção dos resultados antes de juros e depois de impostos sobre o capital investido.

$$ROI = \frac{EBIT\ (1\text{-}t)}{Capital\ investido}$$

Sendo:
EBIT – *Earnings Before Interest and Taxes*
t – Taxa de imposto sobre o rendimento

Finalmente, a **Rendibilidade do Capital Próprio (***Return on Equity* – **ROE)** é dada pela proporção do valor que a empresa gera sobre o total do capital investido pelos acionistas (total do capital próprio).

$$ROE = \frac{Resultado\ Líquido\ do\ Período}{Capital\ próprio}$$

Decisões de Investimento

Uma das decisões mais importantes dos gestores diz respeito à realização de investimentos. Pelas implicações que têm no futuro das organizações, as decisões de investimento são decisões estratégicas e devem ser tomadas ao nível da gestão de topo. O ato de investir consiste num dispêndio de recursos financeiros no presente com vista à obtenção de rendimentos futuros.

Estas decisões são muito importantes porque condicionam o futuro das organizações. Um investimento bem feito vai gerar fundos no futuro que contribuirão para melhorar o desempenho financeiro futuro da empresa. Pelo contrário, um investimento mal feito pode provocar um desequilíbrio financeiro da empresa e prejudicar a sua posição competitiva no futuro.

Tipos de Investimentos

As organizações realizam investimentos com o objetivo de crescimento e melhoria da competitividade. Os investimentos podem ser de quatro tipos, consoante a sua finalidade:

- **Investimentos de expansão** – investimentos destinados a aumentar a capacidade produtiva da empresa. Podem envolver a compra de instalações e equipamentos ou a aquisição de uma empresa já existente.
- **Investimentos de substituição** – investimentos destinados a substituir equipamentos obsoletos.

- **Investimentos de renovação** – investimentos destinados a reconstruir ou reformar ativos existentes, com vista a aumentar a sua produtividade e eficiência.
- **Outros** – investimentos em ativos não correntes intangíveis, como investimentos financeiros, realização de campanhas publicitárias, investimentos em pesquisa e desenvolvimento ou consultadoria de gestão.

Tramitação de um Projeto de Investimento

A decisão de investir, como se trata de uma decisão com implicações no futuro da empresa, deve compreender um conjunto de procedimentos destinados a fundamentar a decisão (Figura 1.9):

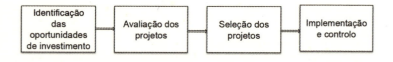

Figura 1.9 Processo de Investimento

A primeira etapa consiste na identificação das oportunidades de investimento que sejam compatíveis com os objetivos da empresa. Depois de identificadas as oportunidades, os projetos devem ser analisados. Esta análise consiste na avaliação da sua viabilidade económica e financeira, que inclui a projeção dos *cash flows* para a vida útil do projeto e a seleção da taxa de desconto mais adequada para calcular o valor presente dos *cash flows* esperados dos projetos. A taxa de desconto está associada às condições do mercado e ao risco do investimento. Assim, investimentos de alto risco devem usar taxas de desconto mais elevadas do que investimentos de risco baixo ou moderado.

Feita a avaliação dos projetos, segue-se a fase da aprovação e seleção da melhor proposta, recorrendo aos principais métodos de avaliação económico-financeira de projetos, como o **Prazo de Recuperação do Investimento (PRI)**, o **Valor Atual Líquido (VAL)** e a **Taxa Interna de Rendibilidade (TIR)**.

Por fim, os projetos aprovados e selecionados devem ser implementados. Durante a implementação, os projetos devem ser monitorizados e controlados, tendo em vista averiguar se estão a ser implementados conforme aprovados e se os gastos, rendimentos e resultados estão em conformidade com o planeado ou se é necessário introduzir alterações às projeções iniciais.

Avaliação Financeira de Projetos de Investimento

A avaliação financeira de um projeto de investimento permite saber se o projeto é ou não rendível. Para isso, há que quantificar essa rendibilidade através de alguns critérios, para posteriormente poder emitir um parecer sobre a qualidade técnica e comercial do projeto. A avaliação de um projeto de investimento baseia-se essencialmente na utilização de demonstrações financeiras previsionais.

O investimento pode ocorrer apenas no momento inicial do projeto, ou pode ocorrer de forma faseada. Por outro lado, a natureza do investimento pode também ser distinta: investir na compra de uma máquina não é a mesma coisa que con-

54 GESTÃO FINANCEIRA, ORÇAMENTAÇÃO E CONTROLO ORÇAMENTAL

ceder crédito a um cliente, mas ambas são situações de investimento. A primeira situação é de investimento em Ativo não Corrente, dado que o bem em causa vai permanecer na empresa a médio/longo prazo, enquanto na segunda situação trata-se de investimento em Ativo Corrente.

A vida útil de um projeto de investimento é o horizonte temporal em que pretendemos avaliar se o projeto é ou não viável. Quanto maior for o período de vida do investimento, maior é o risco e maior é a probabilidade de erro.

Para contornar esta questão do prazo do investimento, na análise de projetos de investimento adotam-se fundamentalmente três critérios de avaliação, que são os mais usuais:

1. Período de Recuperação do Investimento (PRI) (*Discounted Payback Period* – DPP)
2. Valor Atual Líquido (VAL) (*Net Present Value* – NPV)
3. Taxa Interna de Rendibilidade (TIR) (*Internal Rate of Return* – IRR)

Se usarmos o **Período de Recuperação do Investimento (PRI)** vamos comparar o valor do investimento inicial com o somatório dos *cash flows* gerados pelo projeto durante o seu período de vida útil (n períodos, normalmente o ano). Os *cash flows* previsionais do projeto resultam da diferença entre as entradas e as saídas de dinheiro, ou seja, entre os rendimentos e os pagamentos efetuados em cada um dos períodos. Para a aplicação deste método é necessário atualizar os *cash flows* previsionais, utilizando uma taxa (i) que corresponde ao custo do capital, ou seja, a rendibilidade exigida pelos investidores e n o número de anos de vida útil do projeto.

$$PRI = t \rightarrow -I + \sum_{t=1}^{n} \frac{\text{Cash Flows (t)}}{(1 + i)^t} = 0$$

Este método permite identificar a partir de que período ocorre a recuperação do valor do investimento. Assim, de acordo com este critério, o projeto só é viável se a soma dos *cash flows* for superior ao valor do investimento, ou seja, para que o projeto seja viável, o PRI tem de ser inferior à vida útil do projeto.

Exemplo:

Investimento	100 000	Euros
Cash flow ano 1	30 000	"
Cash flow ano 2	35 000	"
Cash flow ano 3	40 000	"
Cash flow ano 4	45 000	"

Se considerarmos uma taxa de atualização de 10%, o projeto é viável dado que a soma dos *cash flows* atualizados (116 986,5 Euros) é superior ao valor do Investimento (100 000 Euros). Neste caso, a vida útil do projeto é de 4 anos, mas o PRI é inferior, uma vez que o investimento é recuperado em 2,875 anos (2 anos e 10 meses e meio):

	Ano 0	Ano 1	Ano 2	Ano 3	Ano 4
Cash Flows	-100 000	30 000	35 000	40 000	45 000
Cash Flows Acumulados	-100 000	-70 000	-35 000	+5 000	+50 000

Verifica-se que entre os anos 2 e 3 o investimento inicial (100 000 euros) é recuperado pelos *cash flows* gerados pelo projeto, tornando-se positivo o *cash flow* acumulado no final do 3º ano. Entre estes dois anos ocorreu o *payback period*. Para se saber o valor exato pode fazer-se uma interpolação linear ou uma simples "regra de três": o fluxo de caixa acumulado aumentou 40 000 euros do segundo para o terceiro ano, logo aumentará 35 000 euros em X anos (de -35 000 euros para zero), de forma que:

$$X = 35\ 000/40\ 000 = 0,875 \text{ anos}$$

$$PRI = 2 + 0,875 \text{ anos} = 2,875 \text{ anos, ou seja,}$$
$$2 \text{ anos e } 10 \text{ meses e meio}$$

O **Valor Atual Líquido (VAL)** de um projeto é a soma dos *cash flows* previsionais atualizados, remunerados em função da taxa exigida pelos investidores (i), no momento presente, deduzido das despesas de investimento efetuadas. Assim, quando um projeto tem um VAL positivo, os investidores obtêm um excedente relativamente ao capital investido e o projeto é viável.

$$VAL = -\text{ Investimento} + \sum_{t=1}^{n} \frac{\text{Cash Flows (t)}}{(1 + i)^t}$$

Utilizando o exemplo anterior e uma taxa de remuneração do capital investido de 10% e n = 3, teremos:

$$VAL = -100\ 000 + \frac{30\ 000}{(1 + 0,1)^t} + \frac{35\ 000}{(1 + 0,1)^2} +$$

$$+ \frac{40\ 000}{(1 + 0,1)^3} + \frac{45\ 000}{(1 + 0,1)^4} = 16\ 986,5 \text{ Euros}$$

Daqui resulta que o projeto é viável, pois o VAL é positivo. Da análise efetuada, conclui-se que os investidores conseguem recuperar o investimento efetuado, remunerado a uma taxa de 10% e ainda conseguem um excedente de 16 986,5 Euros.

A vantagem deste método é o facto de considerar todos os *cash flows* do projeto na sua análise e como desvantagem pode apontar-se o facto da viabilidade do projeto ser muito sensível à taxa de atualização estimada, que pretende medir o risco associado ao projeto.

A **Taxa Interna de Rendibilidade (TIR)** é a taxa que torna o VAL nulo. Assim, para que um projeto seja viável é necessário que a TIR seja superior à taxa de atualização.

$$0 = - \text{Investimento} + \sum_{t=1}^{n} \frac{\text{Cash Flows (t)}}{(1 + \text{TIR})^t}$$

O cálculo correto da TIR é algo complicado, uma vez que é necessário resolver a equação em ordem à TIR, sendo esta expressão de grau n, dependendo n do número de anos da vida útil do projeto.

Uma forma de cálculo expedita é recorrer a máquinas de calcular financeiras que calculam diretamente a TIR ou recorrer a uma folha de cálculo através do Excel, onde as funções financeiras estão predefinidas.

Para o exemplo apresentado, a TIR é igual a 17%. Como a taxa de atualização (i) é de 10%, significa que, também de acordo com este método, o projeto é viável. Resta saber se o investidor considera 17% uma taxa de rendibilidade suficiente para correr o risco do investimento. Para tomar a sua decisão, naturalmente confrontará a TIR obtida no projeto com aplicações alternativas de riscos semelhantes.

Uma das grandes vantagens deste método de avaliação de projetos de investimento é que não exige o conhecimento prévio do custo do capital exigido pelos investidores. Para além disso, fornece uma taxa, ao contrário do VAL que apresenta um valor absoluto, o que permite um termo de comparação abaixo do qual os projetos devem ser recusados.

Decisões de Financiamento

O financiamento é uma operação de captação de recursos financeiros. A política de financiamento de uma empresa baseia-se na definição da melhor composição de recursos que serão utilizados no financiamento das suas atividades, ou seja, baseia-se na definição da estrutura de financiamento mais adequada face aos objetivos da empresa.

Esses recursos podem ser classificados como:

- **Capitais próprios ou capitais alheios**: os capitais próprios são investidos pelos sócios ou acionistas ou lucros retidos na empresa, enquanto os capitais alheios correspondem a dívidas contraídas perante terceiros, que podem ser passivo corrente ou passivo de médio/longo prazo.
- **Capitais permanentes ou temporários**: os capitais permanentes são recursos próprios ou alheios exigíveis a longo prazo, enquanto os recursos temporários são dívidas exigíveis a curto prazo.
- **Capitais onerosos ou não onerosos**: os recursos onerosos obrigam a empresa ao pagamento de juros, enquanto os recursos não onerosos não exigem o pagamento de quaisquer encargos.

Fontes de Financiamento

As fontes de financiamento podem ser internas ou externas. São fontes de financiamento internas os lucros gerados pela atividade da empresa, não distribuídos pelos sócios ou acionistas. É uma fonte de financiamento não onerosa e não reembolsável, embora os sócios ou acionistas, por norma, exijam uma remuneração dos capitais investidos sob a forma de dividendos distribuídos.

Quando os recursos gerados internamente não são suficientes para o desenvolvimento da empresa, a empresa recorre a fontes de financiamento externas, que podem assumir a natureza de subscrições de aumentos de capital por parte dos acionistas ou donos da empresa, ou recorrendo a empréstimos de terceiros, que incluem financiamentos de curto prazo ou de médio/longo prazo contratados junto de instituições de crédito ou o recurso ao mercado de capitais.

No caso do recurso a financiamentos junto de terceiros, a empresa assume a obrigação do seu reembolso num determinado período e obriga-se também a pagar um custo (juro) pela utilização desses capitais. No caso de financiamento com capitais próprios, não há lugar ao seu reembolso, mas, como se disse já, existe o pagamento de uma remuneração aos acionistas, sob a forma de dividendos.

A forma mais adequada de financiamento depende de múltiplos fatores, tais como as condições do mercado, a disponibilidade de fundos, a capacidade de endividamento da empresa, o risco da empresa ou da operação, o custo do financiamento, fatores que devem ser cuidadosamente ponderados pelo gestor financeiro. A função do gestor financeiro é procurar assegurar o equilíbrio financeiro da empresa, ajustando as origens de fundos às respetivas aplicações. A regra do equilíbrio financeiro mínimo espitula que enquanto as aplicações correntes podem ser financiadas com recurso a passivo corrente, as aplicações de longo prazo devem ser financiadas por capitais permanentes, mantendo uma adequada proporção entre os capitais próprios e os capitais alheios, por forma a que a empresa mantenha a autonomia financeira perante os credores.

Financiamento de Curto Prazo

As decisões de financiamento de curto prazo baseiam-se no **Orçamento de Tesouraria.** Trata-se de um documento em que se faz uma previsão dos recebimentos e pagamentos previstos, geralmente com a periodicidade mensal e apura-se o saldo de tesouraria (Figura 1.10). Através do orçamento de tesouraria é possível identificar períodos de excesso ou de escassez de liquidez, o que permite antecipar as necessidades de fundos e negociar as melhores condições de prazo e de custo junto das instituições de crédito.

Rubricas	Jan.	Fev.	Março	Abril	Maio	Junho
Saldo inicial	**330000**	50000	113000	221000	442000	668000
Vendas	550000	40000	660000	660000	770000	440000
Recebimentos						
20% p.p.	110000	8000	112000	112000	114000	88000
30% 30 dias		15000	112000	118000	118000	221000
50% 60 dias			225000	220000	330000	330000
Total Rec. Vendas	110000	23000	449000	550000	662000	559000
Out. Rec.		15000	112000	115000	118000	220000
Total Rec.	**110000**	**38000**	**661000**	**665000**	**880000**	**779000**
Compras	550000	30000	440000	440000	550000	660000
Pagamentos						
50% p. p.	25000	15000	220000	220000	225000	330000
50% 60 dias			225000	115000	220000	220000
Total Pagamentos Compras	225000	15000	445000	335000	445000	550000
Outros Pagamentos	110000	15000	88000	99000	99000	115000
Total Pagamentos	**335000**	**30000**	**553000**	**444000**	**554000**	**665000**
Saldo Final	**55000**	**13000**	**221000**	**442000**	**668000**	**882000**

Figura 1.10 Orçamento de Tesouraria

As principais fontes de financiamento de curto prazo podem ser agrupadas em três categorias: **crédito de fornecedores, crédito bancário e** *factoring.*

Crédito de Fornecedores

O crédito de fornecedores refere-se ao prazo concedido pelos fornecedores para pagamento dos fornecimentos à empresa. Trata-se de uma excelente forma de financiamento da empresa, já que é renovável e normalmente não acarreta encargos financeiros.

Crédito Bancário

O crédito bancário é uma das principais formas de financiamento das empresas e é fundamental para as pequenas e médias empresas, já que muitas delas não têm capacidade nem dimensão para recorrer ao mercado de capitais. A diversidade de produtos de curto prazo oferecidos pelos bancos é grande, não só em termos de custo, mas também em termos de caraterísticas do produto. As principais formas de financiamento bancário de curto prazo são as seguintes:

- Desconto de letras comerciais.
- Desconto de livranças.
- Contas correntes caucionadas ou não.

O desconto de letras comerciais caiu largamente em desuso, tendo vindo a ser substituído, com vantagens, por outros instrumentos financeiros mais funcionais e mais baratos para as empresas, como são os casos das contas correntes e do *factoring*.

Factoring

O *factoring* consiste na tomada, por um intermediário financeiro, de créditos comerciais de curto prazo de uma empresa. Através de uma operação de *factoring* é possível fazer a antecipação do recebimento de dívidas comerciais, por meio da cessão de créditos, inclusivé do risco de pagamento, mediante o pagamento de juros e de comissões de gestão e de cobrança. O *factoring* apresenta importantes vantagens como forma de financiamento das atividades correntes da empresa, a saber:

- Disponibiliza recursos financeiros imediatos sem implicações nos limites de crédito bancário.
- Produz maior flexibilidade nas opções de financiamento da empresa.
- Facilita a gestão da faturação da empresa.
- Garante o recebimento das dívidas, uma vez que pode eliminar o risco de crédito.

Apesar das vantagens enunciadas, aponta-se normalmente ao *factoring* a desvantagem de ter um custo mais elevado que outras formas de financiamento de curto prazo, designadamente o crédito bancário.

Financiamento de Longo Prazo

As decisões de financiamento de longo prazo têm como objetivo definir uma estrutura de capitais permanentes que preserve o equilíbrio financeiro da empresa. As decisões de financiamento de longo prazo podem assumir diversas modalidades que o gestor financeiro deverá ponderar, tendo em conta os custos para a empresa e o impacto que têm no risco financeiro da empresa.

Financiamento com Capitais Próprios

O capital realizado de uma empresa não é estático ao longo do tempo. Pode haver necessidade de realizar aumentos de capital no decorrer da atividade da empresa, não só para manter o equilíbrio financeiro, mas também para sustentar o processo de crescimento do volume de negócios.

Existem três formas fundamentais de aumentar o capital realizado de uma empresa:

- Por subscrição de novas ações por parte dos acionistas.
- Por subscrição pública de novas ações ou oferta pública de venda.
- Por autofinanciamento através de incorporação de reservas e por retenção de lucros.

O capital realizado de uma empresa é dividido por quotas iguais ou diferentes, no caso de uma sociedade por quotas ou, no caso das sociedades anónimas, em partes iguais, todas elas com o mesmo valor nominal, que são as ações. As ações são títulos representativos do capital realizado de uma sociedade anónima. A emissão de novas ações é feita a um preço determinado, que pode ser diferente do valor nominal e do preço a que são transacionadas no mercado.

No caso do aumento do capital realizado por incorporação de reservas, não há modificação do capital próprio, uma vez que não há entrada de "dinheiro fresco", tratando-se apenas de numa operação contabilística.

Estas fontes de financiamento não têm prazo de reembolso, o que não significa que não têm custo, já que os detentores de ações têm direito a receber dvidendos pelo facto de terem investido os seus recursos na empresa.

Financiamento com Capiatais Alheios
(*Corporate Finance*)

O recurso a financiamento com capitais alheios é uma forma de endividamento de médio/longo prazo. Tem vantagens do ponto de vista fiscal, na medida em que os encargos financeiros são custo para efeitos fiscais, mas tem a desvantagem de aumentar o risco financeiro da empresa, principalmente se ultrapassar os limites de endividamento recomendáveis. A principal diferença em relação ao financiamento com capitais próprios é que os capitais alheios têm que ser reembolsados dentro dos prazos acordados e implicam o pagamento de encargos financeiros (juros).

As principais modalidades de financiamento com capitais alheios a que as empresas podem recorrer são as seguintes:

1. **Empréstimos bancários de médio/longo prazo** – trata-se de empréstimos tradicionais contraídos junto de instituições de crédito, através da celebração de contratos onde são estabelecidas as condições do empréstimo, designadamente montante, prazo de reembolso, carência de reembolso, taxas de juro, garantias. As garantias podem ser dadas pela própria empresa, designadamente sob a forma de penhor de bens móveis ou hipoteca de bens imóveis ou bens móveis sujeito a registo, ou garantias pessoais dos sócios ou acionistas, designadamente sob a forma de avales ou hipoteca de bens imóveis particulares.

2. *Leasing* **mobiliário ou imobiliário** – é uma modalidade de financiamento em que uma empresa tem o direito de utilizar determinado ativo não corrente (equipamentos, viaturas ou instalações) mediante o

estabelecimento de um contrato de aluguer de longo prazo com um banco ou um intermediário financeiro especializado, que detém a propriedade do ativo. Neste caso, a empresa não necessita de fazer um desembolso inicial para adquirir o ativo, ficando a pagar uma renda periódica pela sua utilização. No final do contrato, a empresa tem a opção de adquirir o bem por um valor residual previamente acordado.

3. **Empréstimos obrigacionistas** – um empréstimo obrigacionaista consiste na obtenção de fundos pelas entidades emitentes diretamente junto dos mercados financeiros, sem recurso a intermediação financeira. Estes empréstimos têm como suporte títulos representativos de frações dos mesmos, que se designam por obrigações. Obrigações são títulos de crédito negociáveis, emitidos por uma entidade, pública ou privada, que representam frações iguais de um empréstimo a médio e longo prazo, que conferem aos seus titulares (obrigacionistas) o direito de receber juros e reembolso do seu valor nominal, na data do vencimento.

O empréstimo obrigacionista tem vantagens para a entidade emitente, porque permite a diversificação das fontes de financiamento e uma maior autonomia relativamente ao crédito bancário.

São os seguintes os elementos caraterizadores de uma obrigação:

- **Emitente** – entidade que emite as obrigações.
- **Moeda de denominação** – moeda em que o empréstimo é emitido.
- **Valor nominal** – é o valor inscrito no título. O produto do valor nominal pelo número de

obrigações dá o montante da emissão. O valor nominal é designado por par.

- **Valor de subscrição** – é o valor pelo qual as obrigações são colocadas no mercado para subscrição, isto é, o valor pelo qual são adquiridas no mercado primário. Este valor pode não coincidir com o valor nominal. Com efeito, se as obrigações são atrativas para o mercado, o emitente pode decidir vendê-las acima do valor nominal. Se tal acontecer, diz-se que são emitidas acima do par. Pelo contrário, se o mercado não estiver favorável, o emitente pode tentar melhorar a atratividade do empréstimo, emitindo as obrigações abaixo do valor nominal. Neste caso, diz-se que as obrigações são emitidas abaixo do par. Ao produto do valor de subscrição pelo número de obrigações vendidas chama-se valor de encaixe do empréstimo ou valor do empréstimo obtido.

- **Valor de reembolso** – é o valor pelo qual as obrigações são reembolsadas no prazo acordado. A situação mais comum é o preço de reembolso ser igual ao valor nominal e, por conseguinte, o reembolso ser ao par. Se o reembolso for a um valor superior ao valor nominal, então diz-se que o reembolso é acima do par.

- **Prazo** – é o tempo de vida do empréstimo obrigacionista, ou seja, o tempo que medeia entre a data da emissão das obrigações e a data do reembolso.

- **Forma de reembolso** – o reembolso do empréstimo obrigacionista pode ser feito de várias formas.

GESTÃO FINANCEIRA, ORÇAMENTAÇÃO E CONTROLO ORÇAMENTAL

A mais usual é de uma só vez no fim do empréstimo, ou seja, na maturidade das obrigações, em que o emitente reembolsa as obrigações pelo valor nominal, acrescido ou não de um prémio de reembolso, conforme haja sido acordado. É o modelo de amortização única. No entanto, podem ser definidas na Ficha Técnica da Emissão outras formas de reembolso de modo a escalonar o reeembolso do empréstimo pela forma mais conveniente para o emitente, como:

o **Amortização por séries** – o empréstimo é dividido em séries, sendo cada uma delas amortizada na data pré-definida.

o **Amortização por sorteiro** – é uma situação parecida à anterior, em que a amortização é feita também por séries em datas pré-definidas, com a diferença de que as obrigações a amortizar são obtidas por sorteio.

o **Opção de reembolso antecipado** – o empréstimo pode ser reembolsado antecipadamente, se estiver expressamente previsto e nas condições definidas na Ficha Técnica da Emissão.

o **Negociabilidade** – as obrigações são títulos negociáveis, podendo ser admitidas à cotação em bolsa de valores e transacionadas em mercado secundário.

o **Taxa de juro nominal** – a taxa de juro pode ser fixada previamente ou estar indexada a um determinado indexante, devendo ser sempre estabelecida após análise do risco do emitente, do prazo da operação e das condições do mercado. Assim, a taxa de juro nominal pode ser uma taxa fixa, se se mantiver inalterada ao longo de toda a vida do empréstimo, ou uma taxa variável, se estiver indexada e variar durante a vida do empréstimo, em função das alterações do indexante. Hoje em dia, o indexante de taxas de juro em Portugal e nos mercados da zona Euro é a Euribor, que é a média das taxas de juro praticadas pelos principais bancos da zona Euro. Existem taxas Euribor para vários prazos, sendo as mais importantes as Euribor a 1, 3, 6 e 12 meses.

4. **Emissão de papel comercial (*commercial paper*)** – é uma forma de financiamento a que as empresas e investidores institucionais podem recorrer para financiar a sua atividade, em geral por prazos inferiores a um ano, que apresenta as seguintes vantagens em relação aos empréstimos bancários:

o Cobrir necessidades de tesouraria de curto prazo, eventualmente sazonais.

o Conseguir taxas de juro mais baixas do que os financiamentos bancários de idêntico prazo.

o Maior flexibilidade em relação a prazos de emissão, permitindo otimizar a gestão de tesouraria.

o Diversificar as formas de financiamento de curto prazo, aliviando a dependência do financiamento bancário.

Uma entidade emitente que pretenda recorrer a esta forma de financiamento deve, para o efeito, recorrer a uma instituição financeira que se encarregará de preparar a respetiva emissão e de a colocar junto do público investidor. A entidade emitente é obrigada a elaborar uma Ficha Técnica da Emissão, donde devem constar os seguintes elementos:

- Identificação da entidade emitente.
- Garantias da operação.
- Montante e prazo da emissão.
- Entidades financeiras encarregadas de colocação dos títulos.
- Notação de *rating*.
- Regime fiscal da emissão.

A emissão pode assumir duas modalidades:

- **Emissão contínua** – através de um plano de emissão a utilizar por *tranches*, até um determinado montante e dentro de um prazo definido.
- **Emissão por séries** – a entidade emitente recorre ao mercado para necessidades esporádicas e específicas, podendo os montantes e os prazos ser diferentes em cada emissão, em função das necessidades da entidade emitente.

Uma emissão de papel comercial tem normalmente associada uma análise de *rating* feita por empresas de *rating*, no sentido de fornecer ao mercado e aos potenciais investidores uma avaliação da qualidade do emitente e do risco de crédito.

Os títulos vencem juros nas condições definidas na Ficha Técnica da Emissão, que é o rendimento dos investidores e são amortizados pela empresa emitente, na data do vencimento, ao valor nominal, podendo ser reembolsados antecipadamente (resgate), nos termos previstos na respetiva Ficha Técnica da Emissão.

Project Finance
e Parcerias Público-Privadas (PPP)

Project finance é uma modalidade de financiamento de projetos empresariais, como alternativa ao financiamento por capitais próprios, aos financiamentos bancários de longo prazo, à emissão de títulos ou aos empréstimos obrigacionistas. Farrell (2003) refere que o *project finance* pode ser definido como o financiamento de um projeto por uma entidade financiadora, no qual os *cash flows* gerados pelo projeto servem como fonte de recursos para reembolsar o empréstimo e onde os ativos do projeto servem como garantia para o empréstimo. O *project finance* é uma forma de financiamento em que o credor espera ser reembolsado somente a partir dos *cash flows* gerados pelo próprio projeto. No fundo, o *project finance* é um mecanismo de financiamento que permite que o desenvolvimento de um projeto ocorra mediante a obtenção de um financiamento especialmente contratado, o qual será reembolsado com as receitas que o próprio projeto irá gerar no futuro.

O *project finance* não se confunde com outras formas de financiamento de projetos, na medida em que o que o carateriza é a assunção de riscos inerentes ao sucesso do empreendimento, o qual é representado pela capacidade de libertação de fundos suficiente para cobrir os custos operacionais, cumprir o serviço da dívida (reembolso do capital+juros) e proporcionar uma rendibilidade adequada aos investidores. Aparece normalmente associado ao financiamento de infraestruturas e grandes projetos de investimento, como a construção de autoestradas, construção de hospitais, sistemas de transporte e aeroportos.

O *project finance* tem determinadas caraterísticas que o diferenciam das outras formas de financiamento de projetos. A sua principal caraterística é a separação legal e económica do projeto através da criação de uma sociedade criada para o efeito, cujo único objeto é a gestão do projeto e a geração de *cash flow* para o projeto e seus acionistas. Outra caraterística relevante, dado tratar-se normalmente de projetos de grande envergadura, é que o projeto pode ser financiado por várias entidades financiadoras, sendo os financiamentos libertados à medida que a obra for sendo realizada, mediante avaliações e medições periódicas.

A estrutura de financiamento de um *project finance* é elaborada de forma a alocar com maior eficiência os riscos e retornos financeiros do projeto para as partes envolvidas do que o modelo tradicional, exigindo uma engenharia financeira complexa com o fim de tornar o projeto aceitável para todas as partes envolvidas.

O *project finance* é uma modalidade de financiamento que envolve diversos tipos de participantes, onde cada um assume uma determinada responsabilidade ao longo do desenvolvimento do projeto, pelo que as relações contratuais acordadas entre as diversas partes são de grande relevância. As estruturas contratuais variam de caso para caso. Alguns contratos podem incluir contratos de engenharia e construção, contratos de fiscalização, contratos de fornecimento, contratos de operações e de manutenção, acordos de apoio governamental, envolvendo financiamento através de fundos comunitários, garantias e avales ou benefícios fiscais, contratos relativos a seguro, contratos de consultadoria técnica, jurídica, financeira e fiscal e contratos de financiamento junto de instituições de crédito.

O *project finance* tem as seguintes vantagens relativamente ao financiamento tradicional:

- Repartição dos riscos entre as diversas partes interessadas no projeto.
- Obtenção de economias de escala na produção.
- Benefícios fiscais.
- Melhor avaliação dos riscos.
- Garantias de desempenho do projeto (*cash flows*) em vez de garantias tradicionais alheias ao projeto.

Como desvantagens podem apontar-se:

- Necessidade de uma estrutura complexa com os inerentes custos.
- Complexidade na alocação dos riscos.
- Taxas de juro mais elevadas, principalmente em projetos públicos, cuja alternativa seria a realização do projeto pelo Estado, com custos de financiamento mais baixos.
- Maior supervisão dos credores.

Dento dos *project finance* merecem destaque as **Parcerias Público-Privadas (PPP)**, tão em voga nos últimos anos, que são contratos que envolvem parcerias entre uma entidade pública e uma entidade privada para a construção de um empreendimento, como um investimento de interesse público. As entidades privadas que assinam os contratos de parceria são normalmente consórcios compostos por várias empresas privadas, como acontece com a construção de autoestradas, caminhos de ferro ou hospitais.

O lançamento de uma PPP tem como objetivo permitir a construção de infraestruturas de interesse para as populações, sem que o Estado tenha que desembolsar no imediato o custo da construção. Em vez de uma obra ser construída através de contratos de empreitada e de concurso público e suportada pelo Estado, há um contrato entre o Estado e o consórcio de entidades privadas que se compromete a executar a obra e a suportar os seus custos, mediante a concessão da exploração da infraestrutura durante um longo período de tempo (30 ou 40 anos, dependendo da dimensão e do custo da infraestrutura), ou mediante o pagamento de uma renda anual, igualmente por um longo período de tempo, por parte da entidade pública, caso a infraestrutura não tenha rendimentos futuros suficientes para assegurar o pagamento do investimento, como é o caso de algumas autoestradas.

Antes de ser lançada uma PPP, o Estado deve fazer um estudo comparativo (comparador público) entre os custos a longo prazo da obra se for construída no regime PPP e os custos, igualmente a longo prazo, se o investimento e a sua execução forem assumidos pelo Estado. Só deverá optar pelo regime de PPP se os custos totais para o Estado forem inferiores aos custos que assumiria se executasse a obra por sua conta e risco.

As PPP, se forem parcimoniosamente executadas, apresentam as seguintes vantagens:

- Redução de custos – não só no financiamento, mas também na execução e manutenção, na medida em que há um maior controlo, designadamente quanto a obras extra.
- Partilha de riscos entre as entidades públicas e as entidades privadas – se o contrato for bem negociado.
- Melhor qualidade do serviço prestado – as PPP podem introduzir inovação na prestação de serviços públicos.
- Implementação mais eficiente – maior eficiência na tomada de decisão.
- Outros benefícios económicos – estímulo à economia.

Por outro lado, as PPP apresentam também alguns riscos:

- Perda de controlo por parte do Estado.
- Maiores gastos – o serviço prestado pelas PPP pode implicar preços mais elevados, difíceis de controlar por parte do setor público, designadamente em termos de custos financeiros.
- Riscos políticos e questões laborais.
- Problemas de qualidade – se não forem bem elaborados, os contratos de PPP podem resultar em redução da qualidade do serviço ou falta de manutenção.

Em Portugal, as parcerias público-privadas são reguladas pelo Decreto-Lei nº11/2012, de 23 de maio, que estabelece as normas gerais aplicáveis à intervenção do Estado na definição, conceção, preparação, lançamento, adjudicação, alteração, fiscalização e acompanhamento das parcerias público-privadas e estabelece a criação da Unidade Técnica de Acompanhamento de Projetos.

Capital de Risco, *Business Angel e Private Equity*

As empresas de capital de risco são instituições financeiras que investem fundos em novos negócios ou expansão de negócios já existentes, mediante a participação no capital social e participação nos lucros potenciais. O principal objetivo dos fundos de capital de risco, tal como dos *business angels* ou dos *private equity funds*, é obter lucro com a venda das participações mais valorizadas. As empresas de capital de risco e de *private equity* usualmente também prestam assistência, aconselhamento e informação com o objetivo de ajudar o negócio a prosperar.

Uma fonte corrente de financiamento de *start-ups* com elevado potencial é precisamente o recurso ao **capital de risco (*venture capital*)** e a ***business angels***. *Business angels* são indivíduos alheios ao negócio, tipicamente com experiência de negócio e com contactos, que acreditam na ideia para uma *start-up* e estão dispostos a investir os seus próprios recursos para ajudar a que o negócio cresça. O seu contributo materializa-se com a entrada de capital para a *start-up*, mas também através de consultadoria e assistência ao empreendedor no desenvolvimento do negócio. O objetivo deste tipo de investidor é o de ajudar a rendibilizar o projeto o mais rapidamente possível para reaver o capital investido e participar nos lucros obtidos. Um *business angel* é um investidor de capital de risco (normalmente investe entre 50 e 500 mil Euros), mas não um sócio no projeto ou no negócio.

Outras fontes de financiamento importantes de *start-ups*, normalmente de maior dimensão do que os *business angels*, são os ***private equity funds*** e o **capital de risco**. O capital de risco e os *private equity funds* são especialmente importantes para empreendedores que têm boas ideias mas não têm recursos suficientes para arrancar com o negócio. Os *private equity funds* são um tipo de fundo que compra participações em empresas não cotadas em bolsa, com o objetivo de distribuição de dividendos e obtenção de lucro quando vender essas participações já valorizadas. O capital das *private equity* provém de investidores privados ou institucionais e pode ser utilizado em investimentos em novas tecnologias, aumentos de fundo de maneio, fusões e aquisições ou reestruturação financeira de empresas.

As formas mais correntes de *private equity* são *leveraged byouts (LBO)*, que é aquisição de outra empresa com recurso a montantes significativos de capital alheio (obrigações ou empréstimos a longo prazo) contra garantia dos próprios ativos adquiridos, para além de garantias oferecidas pelo adquirente, capital de risco (*venture capital*) e capital de desenvolvimento (*growth capital*), que é um tipo de *private equity* com participações minoritárias em empresas em desenvolvimento que necessitam de capital para acompanhar o seu ciclo de crescimento.

Resumo do Capítulo

O presente capítulo procurou apresentar uma visão integrada da função financeira das organizações. A gestão financeira desempenha uma função fundamental na gestão da empresa. Na verdade, sem uma adequada gestão dos fluxos financeiros, qualquer organização está condenada ao fracasso. Como a generalidade das decisões tem impacto na situação financeira da organização, todos os gestores, mesmo os de outras áreas funcionais, têm necessidade de ter conhecimentos sobre gestão financeira.

De uma forma simplificada, pode dizer-se que a gestão financeira consiste na tomada de decisões sobre a adequação das origens de fundos (fundos próprios ou alheios) às aplicações de fundos (ativo), com vista a assegurar o equilíbrio financeiro da organização, a maximização dos resultados e a criação de valor para os *stakeholders.*

Ao longo do capítulo, foram apresentados os principais conceitos de gestão financeira e apresentadas técnicas de análise económico-financeira das organizações, designadamente pelo método dos rácios. Foram também apresentadas metodologias e técnicas de análise financeira de empresas e avaliação de projetos de investimento, que ajudam os gestores financeiros a tomar decisões de investimentos e de financiamentos.

As decisões de financiamento devem ter como preocupações fundamentais o equilíbrio financeiro da organização e a minimização dos riscos, enquanto as decisões de investimento devem privilegiar a realização de projetos que assegurem a rendibilidade dos capitais investidos.

O capítulo termina com a apresentação das principais fontes de financiamento das empresas e de projetos de investimento, quer recorrendo a capitais próprios, quer recorrendo a capitais alheios de curto e médio e longo prazo (*corporate finance*) e formas modernas de financiamento e de partilha de riscos de grandes projetos de investimento, como são os casos do *project finance* e das parcerias público-privadas.

Finalmente foram abordadas algumas formas modernas de financiamento de *start-ups*, com partilha de capital e de riscos, como *business angels*, capital de risco e *private equity funds*.

Questões

1. Para além das funções de qualquer gestor, quais as funções específicas do gestor financeiro?
2. Compare e contraste a Demonstração de Resultados com o Balanço? Como podem estes documentos contabilísticos ajudar os gestores na gestão corrente e nas decisões de investimento?
3. O que é o Fundo de Maneio e Necessidades de Fundo de Maneio?
4. Em que consiste a análise económico-financeira de empresas? Quais os principais métodos utilizados?
5. Em que consistem o Grau de Alavancagem Económico e Grau de Alavancagem Financeiro e qual a utilidade para a gestão.
6. Em que consiste a avaliação económico-financeira de projetos de investimento e explique como o VAL e a TIR podem ajudar os gestores a melhorar a qualidade das decisões de investimento.
7. Quais são as principais fontes de financiamento da atividade de uma empresa?
8. Que fonte ou fontes de financiamento considera mais adequadas para financiar projetos de investimentos?
9. Comente a seguinte afirmação:
   "A obtenção de resultados sucessivamente negativos pode ter impacto no equilíbrio financeiro de uma empresa".

Referências

Brealey, R., Myers, S. e Alen, F. (2017), Principles of Corporate Finance, 12th Edition, McGraw-Hill Education.

Farrell, L. M. (2003), Principal-agency risk in project finance, International Journal of Project Management, Vol. 21, pp. 547-561.

Gomes, J. e Pires, J. (2011), SNC – Sistema Nacional de Contabilidade: Teoria e Prática, 4ª Edição, Vida Económica, Porto.

Mota, A., Barroso, C., Soares, H. e Laureano, L. (2013), Introdução às Finanças, Edições Sílabo, Lisboa.

Capítulo 2
Orçamentação
e Controlo Orçamental

O desempenho de uma organização deve ser avaliado pela eficácia na realização dos objetivos e pela eficiência na utilização dos recursos. Os orçamentos são usados pelas organizações como um método de planeamento financeiro e são preparados para as principais áreas do negócio, como as vendas, a produção, as compras, os salários, o marketing, os investimentos e a tesouraria.

Neste capítulo vamos considerar o objetivo e natureza do processo orçamental e explicar o método de preparação de orçamentos, que merece especial ênfase no processo de planeamento. Os gestores precisam de planear o futuro das suas organizações. Nas grandes empresas o planeamento é um processo muito formal, enquanto nas pequenas e médias empresas é um processo muito mais simples. Em qualquer caso, o planeamento deve ser feito a três níveis: planeamento de longo prazo, que envolve um horizonte temporal de três a cinco anos, planeamento de médio prazo de um a três anos e planeamento de curto prazo, que envolve o período de um ano. O processo de planeamento e controlo orçamental para os diferentes horizontes temporais implica naturalmente diferentes abordagens, que serão explicadas neste capítulo.

Depois de estudar e refletir sobre este capítulo, o leitor deve ser capaz de:

- Compreender o processo de orçamentação e perceber os benefícios da orçamentação e as vantagens do controlo orçamental.
- Explicar o objetivo e natureza de um sistema de orçamentação.
- Preparar os orçamentos funcionais que conduzem ao orçamento consolidado.
- Comparar entre orçamentação e controlo orçamental
- Explicar a aplicação de orçamentos flexíveis e análise dos desvios.

Introdução

O sucesso de uma organização não depende apenas da estratégia e do processo de planeamento responsável pela fixação de objetivos, do desenho organizacional, que permite a execução adequada das tarefas e de uma direção que lidere e motive os trabalhadores, mas depende também de um sistema de orçamentação e controlo orçamental eficaz, capaz de detetar os desvios entre o planeado e o executado e tomar as ações corretivas, quando necessárias, para que os orçamentos sejam cumpridos.

Os planos a médio e longo prazo são menos detalhados e envolvem apenas o estabelecimento e fixação dos **grandes objetivos** da organização. Estes grandes objetivos não têm necessariamente que ser escritos formalmente, mas nas grandes empresas é aconselhável que o sejam para que todos os conheçam. Nas pequenas e médias empresas, os objetivos certamente serão considerados e discutidos pelos donos das empresas e pelos gestores. O planeamento de curto prazo baseia-se nos grandes objetivos e na forma como os objetivos pretendidos devem ser atingidos, através do seu desdobramento em planos de curto detalhados, designados por **orçamentos**, de cada uma das áreas funcionais da organização.

Este capítulo trata do processo de orçamentação e controlo orçamental, que envolve a elaboração de orçamentos funcionais, como os orçamentos de compras, de vendas, de produção, de mão-de-obra direta, de gastos administrativos e comerciais, de investimentos e de financiamento. O resultado deste processo orçamental culmina com a elaboração dos **orçamentos consolidados** (*master budget*), como o orçamento de tesouraria, a demonstração dos resultados previsionais e o balanço previsional. O *master budget* é o *master plan*, que mostra como os orçamentos funcionais se articulam com vista a atingir os objetivos pretendidos.

Orçamentos e Previsões

A orçamentação é uma parte importante do planeamento financeiro de curto prazo e do controlo orçamental. Os orçamentos (*budgets*) são planos, usualmente expressos em termos financeiros, que procuram prever os rendimentos e gastos futuros, estabelecer prioridades e assegurar que as despesas não excedem os fundos e rendimentos disponíveis. As previsões (*forecasts*) têm a ver fundamentalmente com a avaliação de acontecimentos futuros. A previsão precede a preparação de um orçamento e é um passo muito importante no processo de orçamentação. Um orçamento é simultaneamente um mecanismo de planeamento dos resultados e uma técnica de controlo dos custos operacionais. Para elaborar um orçamento é essencial prever várias variáveis importantes, como vendas, preços de venda, disponibilidade de materiais, preços dos materiais, produção, salários, meios financeiros, etc. (Figura 2.1):

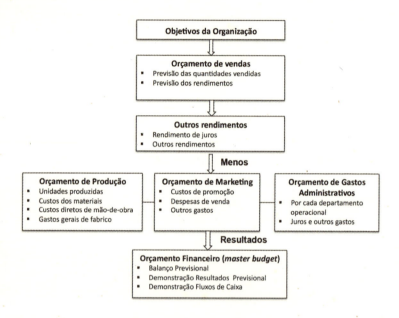

Figura 2.1 Processo de Orçamentação

Apesar do período de orçamentação ser usualmente um ano, muitas empresas preparam orçamentos a três ou cinco anos, especialmente quando contemplam despesas de capital. Orçamentos de publicidade, orçamentos de compras, orçamentos de gastos com o pessoal, orçamentos de vendas e orçamentos de investimentos são tipos comuns de orçamentos que os gestores utilizam, procurando aumentá-los, como é o caso das vendas, ou não os ultrapassar, como é o caso das compras. Todos os orçamentos devem ser elaborados tendo como pano de fundo o planeamento estratégico da organização.

Praticamente todas as organizações modernas necessitam de planear a sua atividade e de exercer algum tipo de controlo orçamental. Ao nível do planeamento estratégico as organizações elaboram planos a médio e longo prazo para fixação dos objetivos e ao nível operacional usam orçamentos para implementar a estratégia e para alocar os recursos necessários ao cumprimento dos objetivos planeados.

Em muitas empresas, os orçamentos são impostos de cima para baixo (*top-down budgeting*), o que significa que os montantes orçamentados para o ano seguinte são impostos aos gestores intermédios e aos gestores de primeira linha. Noutras organizações, com vista a aumentar os níveis de motivação e de envolvimento e responsabilização dos colaboradores, os orçamentos são elaborados de baixo para cima (*bottom-up budgeting*), o que significa que são os gestores de primeira linha quem faz a previsão das receitas e despesas dos seus departamentos e as submetem aos seus superiores para aprovação.

Orçamentos Funcionais

Deve ser elaborado um orçamento para cada divisão ou departamento da organização. Os gestores de cada unidade, divisão ou departamento são responsáveis pela execução do seu orçamento. Os gestores de topo usam o orçamento para a organização como um todo, enquanto os gestores intermédios são responsáveis pelo desempenho orçamental dos

GESTÃO FINANCEIRA, ORÇAMENTAÇÃO E CONTROLO ORÇAMENTAL

seus departamentos ou divisões. Tipicamente, as organizações devem elaborar orçamentos para cada divisão ou função, tais como:

1. **Orçamento de vendas** – é um dos mais importantes orçamentos funcionais e é visto como a chave do processo de orçamentação. É uma previsão das vendas totais, expressas em quantidades e em termos monetários. O primeiro passo na preparação do orçamento de vendas é prever, tão rigorosamente quanto possível, as vendas para o período do orçamento. As previsões de vendas são influenciadas por fatores externos e internos. Os fatores externos incluem as condições do mercado, a concorrência, a política governamental, etc. Os fatores internos consistem nos preços de venda, na tendência das vendas, novos produtos, ciclo de vida do produto, etc. O orçamento de vendas é baseado na previsão de vendas e é da responsabilidade do gestor de marketing.

Exemplo de um orçamento de vendas:

Uma empresa produz dois artigos A e B. O departamento de marketing tem três divisões: norte, centro e sul. As previsões de vendas para o ano X, com base na avaliação dos responsáveis comerciais, são as seguintes.

Produto A: Norte 40 000 unidades, Centro 100 000 unidades e Sul 20 000 unidades.
Produto B: Norte 60 000 unidades, Centro 80 000 unidades e Sul 0 unidades.
Preço de venda: A €2 e B €3, em todas as regiões.

É feita uma campanha publicitária para os dois produtos e estima-se que as vendas na região Norte vão aumentar 20 000 unidades. Foi também feita uma campanha de publicidade para promover e distribuir o produto B na região Sul no segundo semestre do ano X onde se espera que as vendas atinjam as 100 000 unidades. Dado que as vendas na região Centro são insatisfatórias, ficou acordado aumentar as vendas em 10%.

Prepare um orçamento de vendas para o ano X.

Resolução:

2. **Orçamento de produção** – como se compreende,

Região	Produto A			Produto B			Total
	Quant.	Preço	Valor	Quant.	Preço	Valor	
Norte	60 000	2	120 000	80 000	3	240 000	**360 000**
Centro	110 000	2	220 000	88 000	3	264 000	**484 000**
Sul	20 000	2	40 000	100 000	3	300 000	**340 000**
Total	**190 000**		**380 000**	**268 000**		**804 000**	**1 184 000**

o orçamento de produção é usualmente preparado com base no orçamento de vendas. Corresponde à previsão da produção para o período do orçamento. É preparado pelos responsáveis da função produção em duas partes: previsão da produção em valor para as unidades físicas dos produtos a produzir e os custos de produção detalhados.

As principais fases da preparação do orçamento envolvem a planificação da produção, tendo em consideração a capacidade produtiva e a interligação à previsão das vendas, calendário de entregas e níveis de inventários que se pretende manter. Naturalmente que a elaboração do orçamento de produção pressupõe a elaboração de orçamentos de custos, tais como o orçamento de materiais, o orçamento dos custos com o pessoal e o orçamento dos gastos gerais de fabrico. Exemplo de um orçamento de produção:

Elabore um orçamento de produção para cada mês e um orçamento dos custos de produção para os seis meses que terminam em 31.12/Ano X a partir dos seguintes dados:

1. Vendas, em unidades, para os seguintes meses:

julho	1 100
agosto	1 100
setembro	1 700
outubro	1 900
novembro	2 500
dezembro	2 300
janeiro X+1	2 000

2. Não há produtos em vias de fabrico no final de cada mês.
3. Os *stocks* finais de produtos acabados correspondem a metade das vendas para o mês seguinte e permanecem em stock até final de cada mês (incluindo julho).
4. A produção e os custos orçamentados para o fim de 31.12/ Ano X são os seguintes:

ORÇAMENTAÇÃO E CONTROLO ORÇAMENTAL

Produção (unidades)	22 000
Gastos diretos (unidade)	10.00€
Mão-de-obra direta (unidade)	4.00€
Total de gastos gerais	88 000€

Resolução:

ORÇAMENTO DE PRODUÇÃO

Rubricas	Julho	Agosto	Set.	Out.	Nov.	Dez.	Total
Vendas estimadas	1 100	1 100	1 700	1 900	2 500	2 300	**10 600**
+ Stocks Finais Prod. Acab.	550	850	950	1 250	1 150	1 000	**1 000**
	1 650	1 950	2 650	3 150	3 650	3 300	**11 600**
– Stocks Iniciais Prod. Acab.	550	550	850	950	1 250	1 150	**550**
Orçamento de Produção	1 100	1 400	1 800	2 200	2 400	2 150	**11 050**

Produção Estimada = Vendas Estimadas + Inventário Final – Inventário Inicial

Rubricas	Orçamento de Produção	Orçamento de Produção (por Unidade)
Custos diretos de materiais	110 500	10
Mão de obra direta	44 200	4
Gastos Gerais		
$\dfrac{88\ 000}{22\ 000} \times 11\ 050$	44 200	4
Total Custos de Produção	**198 900**	**18**

3. **Orçamento de gastos administrativos** – inclui despesas gerais relacionadas com os departamentos operacionais, como a produção, a venda, a distribuição e a investigação e desenvolvimento.

4. **Orçamento financeiro** – inclui o orçamento de tesouraria e o orçamento de investimentos. O orça-

mento de tesouraria faz a previsão dos rendimentos e gastos dum período futuro e da tesouraria disponível nesse período. O orçamento de investimento diz respeito aos gastos em ativos fixos.

O orçamento de investimentos lista os investimentos planeados nos principais ativos, como construções, maquinaria ou sistemas de informação, envolvendo muitas vezes despesas para além de um ano. O controlo do orçamento de investimentos envolve não só a monitorização das despesas de capital, mas também a avaliação da viabilidade dos investimentos. Os gestores devem avaliar se é aconselhável continuar a investir num determinado projeto e se são adequados os procedimentos da organização para a tomada de decisão em matéria de investimentos.

5. **O orçamento de tesouraria** deve prever os rendimentos e gastos atuais e futuros da organização. Quando as despesas reais excedem as despesas orçamentadas, a diferença sinaliza a necessidade dos gestores identificarem o problema e tomarem as ações corretivas necessárias. A diferença pode advir de ineficiência, ou as despesas podem ser mais elevadas porque as vendas estão a crescer mais depressa do que previsto. Despesas abaixo do orçamentado pode ser um sinal de eficiência excecional ou de que a empresa se encontra a laborar a um nível inferior ao previsto. No que se refere às receitas, rendimentos abaixo do orçamentado implicam uma investigação no sentido de saber as suas causas e ver como a organização pode aumentar os rendimentos. Exemplo de um orçamento de tesouraria:

	Jan.	Fev.	Março	Abril	Maio	Junho
Recebimentos						
Capital realizado	20 000					
Recebimento de clientes	–	2 000	3 000	6 000	6 000	10 500
Total de Recebimentos	20 000	2 000	3 000	6 000	6 000	10 500
Pagamentos						
Ativos não correntes	8 000					
Inventários	5 000					
Pagamento a fornecedores	–	2 000	4 000	4 000	7 000	7 000
Ordenados	1 600	1 600	1 600	1 600	1 600	1 600
Outras despesas	1 000	1 000	1 000	1 000	1 000	1 000
Total de Pagamentos	15 600	4 600	6 600	6 600	9 600	9 600
Saldo do mês	4 400	(2 600)	(3 600)	(600)	(3 600)	900
Saldo acumulado	–	1 800	(1 800)	(2 400)	(6 000)	(5 100)

O orçamento de tesouraria mostra que há um défice de tesouraria no final do semestre de €5 100 e que há necessidade de recorrer a fundos externos à empresa para solver os seus compromissos de curto prazo.

6. **Demonstração de resultados previsional, demonstração dos fluxos de caixa previsional e balanço previsional (*master budget*)** – é o culminar do processo de orçamentação, onde convergem todos os orçamentos funcionais aprovados, adotados e executados pela organização, como o orçamento de vendas, o orçamento de produção, o orçamento de compras, o orçamento de marketing e vendas, orçamento dos gastos com pessoal e orçamento de gastos gerais.

O *master budget* consiste na elaboração da demonstração de resultados previsional, na demonstração de fluxos de caixa previsional e no balanço previsional, que vão guiar a organização no período de orçamentação.

Orçamentos Fixos
e Orçamentos Flexíveis

Um orçamento fixo é um orçamento que é elaborado para um determinado nível de actividade. Trata-se de um orçamento que se mantém inalterado ao longo do período a que respeita, independentemente do nível de atividade atingido. Um orçamento fixo é usualmente preparado antes do início do período a que respeita, usualmente um ano e é elaborado com base nos níveis de atividade expectáveis para esse período. São orçamentos adequados em períodos de estabilidade económica.

Mas é difícil avaliar o desempenho de uma organização quando o nível de atividade atual difere da atividade projetada inicialmente. Comparar custos para diferentes níveis de atividade é como comparar alhos com bugalhos.

Com orçamentos fixos, não há possibilidades de saber se os desvios favoráveis nos custos, por exemplo no consumo de matérias-primas, se devem a maior eficiência no controlo dos custos ou a um menor nível de atividade ou se os desvios positivos nos rendimentos se devem a um maior volume de vendas ou a uma melhor política de preços. Para poder responder a esta questão, devemos flexibilizar os orçamentos para o nível atual de atividade.

Os orçamentos flexíveis, também chamados orçamentos variáveis, são ajustados às mudanças do volume de atividade e têm em conta tanto os custos fixos como os custos de fabricação. Um orçamento flexível é um orçamento que é elaborado com o objetivo de se adaptar às condições do mercado e ao nível de atividade atingido em cada momento. Com orçamentos flexíveis temos possibilidades de saber se os desvios favoráveis ou desfavoráveis se devem a maior ou menor eficiência na utilização dos recursos e maior ou menor rigor no controlo dos custos. São orçamentos ajustados em períodos de instabilidade económica.

Processo de Controlo Orçamental

Enquanto os orçamentos são instrumentos de planeamento, o **controlo orçamental** (*budgetary control*) é simultaneamente um mecanismo de planeamento e de controlo. Controlo orçamental é o processo de fixar objetivos para uma organização, monitorizar os resultados, comparar os resultados com o orçamento e tomar as ações corretivas quando necessárias. Não pode haver controlo orçamental sem orçamentos. Controlo orçamental é um sistema que usa orçamentos como um meio de planeamento e controlo.

Para efeitos do controlo orçamental, deve ser elaborado um orçamento para cada divisão ou departamento da organização, sendo os gestores de cada unidade, divisão ou departamento responsáveis pela boa execução dos seus orçamentos. Os gestores de topo usam o orçamento para a organização como um todo, enquanto os gestores intermédios são responsáveis pelo desempenho orçamental dos seus departamentos ou divisões.

São os seguintes os principais objetivos de um sistema de controlo orçamental:

1. Possibilitar o estabelecer planos a curto prazo.
2. Possibilitar o acompanhamento dos negócios, através do cumprimento dos planos.
3. Assegurar a coordenação entre as diversas áreas da organização.

4. Delegar responsabilidades nos gestores intermédios, sem perda de controlo.
5. Detetar necessidades de correções e possibilidades de adaptação periódica dos orçamentos em função das alterações das circunstâncias. A capacidade de adaptação dos orçamentos, bem como a possibilidade de tomar as medidas corretivas necessárias, constitui a essência do controlo orçamental.

Quando os resultados são conhecidos, comparam-se os custos atuais com os custos orçamentados. As diferenças entre os custos atuais e os custos orçamentados designam-se por **desvios**. Os desvios podem ser favoráveis ou desfavoráveis. Se o custo atual é maior do que o custo orçamentado temos um desvio negativo e se o custo atual é menor que o custo orçamentado temos um desvio positivo. Os desvios negativos devem ser investigados e saber-se quais as suas causas. Os desvios positivos são boas notícias, mas não devem ser ignorados, podendo implicar a revisão ou flexibilização do orçamento.

Os desvios negativos podem resultar de:

- Orçamentos irrealistas – neste caso o orçamento deve ser revisto ou flexibilizado.
- Má orçamentação – esta situação necessita de atuação imediata.
- Mudanças do meio envolvente – por exemplo entrada de um novo concorrente ou perda de um cliente importante. Esta situação requer um contra ataque imediato, por exemplo reforçando o orçamento de marketing.

Quando os gestores discutem os rendimentos ou os gastos em confronto com o orçamento, usualmente dispõem de relatórios elaborados pelo *controller*, que é uma figura muito importante na estrutura de uma organização e que normalmente depende hierarquicamente do CEO ou do presidente do conselho de administração. Este relatório permite à gestão fazer uma análise rápida sobre se os objetivos estão ou não a ser cumpridos e se os desvios se encontram dentro dos limites de variação aceitáveis ou excedem aqueles limites, o que possibilita a tomada atempada de medidas corretivas necessárias para que os objetivos sejam atingidos.

Um sistema de **controlo orçamental** deve ter por base os objetivos definidos no plano estratégico e seguir as seguintes etapas:

1. **Preparar um orçamento de vendas** (*forecasting*) com base na análise das vendas do passado e na previsão de vendas futuras tendo em conta as tendências do mercado. O orçamento de vendas é uma estimativa das vendas para o período em análise.

2. **Preparar um orçamento de produção** com base no orçamento de vendas. Envolve a avaliação da capacidade produtiva da empresa de modo a estabelecer um balanceamento entre a capacidade produtiva e as potencialidades do mercado. O orçamento de produção inclui os *outputs* e os custos estimados em matérias-primas e gastos com o pessoal.

3. **Preparar um orçamento de investimentos.**

4. **Preparar um orçamento de gastos gerais.**

5. **Preparar um orçamento de tesouraria** para assegurar que a organização dispõe dos meios necessários para implementar a estratégia e determinar as

100 GESTÃO FINANCEIRA, ORÇAMENTAÇÃO E CONTROLO ORÇAMENTAL

necessidades ou excessos de tesouraria em determinados períodos de tempo.

6. Todos estes orçamentos funcionais são integrados no orçamento da organização e culminam na elaboração das demonstrações financeiras previsionais, designadamente a **demonstração de resultados previsional**, a **demonstração dos fluxos de caixa previsional** e o **balanço previsional**.

Quando uma empresa desenvolve um plano de produção de bens ou serviços, deve saber se dispõe dos meios financeiros necessários para fazer face aos gastos operacionais imediatos, como matérias-primas, salários, rendas, seguros e gastos gerais de fabrico. Se não dispuser de meios financeiros próprios suficientes, deverá recorrer a fontes de financiamento externas, designadamente financiamentos bancários de curto ou médio e longo prazo, em função da natureza das aplicações. Para o efeito, deverá preparar uma conta de exploração previsional para determinação dos *cash flows* previsionais e um orçamento financeiro para determinação das necessidades de financiamento de médio/longo prazo (Figura 2.2):

Rubricas	Janeiro		Fevereiro		Março	
	Orçamento	Realizado	Orçamento	Realizado	Orçamento	Realizado
Cash Flows						
Venda de Ativos						
Financiamentos a ML Prazo						
Total Recebimentos (a)						
Investimentos						
Reembolso Finan. MLP						
Necessidades Fundo de Maneio						
Outros Pagamentos						
Total de Pagamentos (b)						
Saldo (a - b)						
Saldo Acumulado						

Figura 2.2 Orçamento Financeiro

Através da análise do orçamento financeiro é fácil determinar as necessidades de financiamento e o momento em que se tornam necessárias para financiar o plano de investimentos ou os custos operacionais.

Objetivos do Controlo Orçamental

Um sistema de controlo orçamental tem os seguintes objetivos:

1. **Avaliação do desempenho** – é o mais poderoso instrumento para a gestão avaliar o desempenho das atividades da organização.
2. **Planeamento das atividades** – é um instrumento efetivo de planeamento das atividades da organização.
3. **Definição de responsabilidades** – um dos importantes objetivos do controlo orçamental é definir as

responsabilidades dos responsáveis pelos diversos departamentos da organização.

4. **Coordenação** – ajuda a coordenação das atividades dos diversos departamentos no sentido de atingir os objetivos da organização.
5. **Comunicação** – atua como um meio de comunicação dos objetivos organizacionais entre os diferentes níveis hierárquicos da organização.
6. **Motivação** – atua como um instrumento útil de motivação dos diferentes executivos da organização, no sentido de desempenharem claramente as responsabilidades que lhes são atribuídas.
7. **Controlo de custos** – é útil como um instrumento de controlo dos custos da organização.

Vantagens e Limitações do Controlo Orçamental

A existência de um sistema de controlo orçamental tem vantagens e algumas limitações. As principais vantagens podem sintetizar-se como segue:

1. Proporciona um método de alocação dos recursos.
2. Facilita e promove a redução de custos.
3. Orienta a gestão no planeamento e na formulação de políticas.
4. Facilita a coordenação das atividades dos vários departamentos.
5. Assegura a maximização dos resultados através do controlo dos custos e otimização dos recursos.
6. Avalia o desempenho dos diferentes centros de custos.

ORÇAMENTAÇÃO E CONTROLO ORÇAMENTAL

7. Ajuda o gestor a controlar as operações.
8. Facilita a tomada de medidas corretivas sempre que há ineficiências e fraquezas comparando o desempenho actual com o orçamento.
9. Orienta a gestão na investigação e desenvolvimento.
10. Promove um pensamento orientado para o futuro e a adoção de princípios de custos padrões.

Mas um sistema de controlo orçamental tem também algumas limitações, tais como:

1. Há sempre erros porque é impossível prever o futuro. O orçamento baseia-se em estimativas e previsões e se as previsões forem incorretas, então o programa orçamental não pode ser ajustado e torna-se ineficaz.
2. A efetiva implementação do controlo orçamental depende do empenho, cooperação e motivação das pessoas. A falta de cooperação leva a um desempenho ineficiente.
3. O sistema de controlo orçamental não substitui a gestão. É uma mera ferramenta de gestão.
4. Pode gerar conflitos no que se refere à afectação de recursos.
5. Tem custos e demora tempo.

Em anexo a este capítulo, será apresentado um exemplo prático de orçamentação, designadamente a elaboração do Mapa de Fluxos de Caixa Previsional, Demonstração dos Resultados Previsional e Balanço Previsional

Resumo do Capítulo

Neste capítulo foi apresentado processo de orçamentação como um conjunto de planos e orçamentos que prevêem, em termos monetários, o caminho a seguir pela organização durante um determinado período futuro de tempo. É preparado antecipadamente relativamente ao período de tempo definido e baseia-se na fixação de objetivos acordados pelos responsáveis da organização a diversos níveis de responsabilidade, tendo em conta a estratégia definida para atingir aqueles objetivos.

A orçamentação a curto prazo, normalmente um ano, mas pode contemplar períodos de tempo mais curtos, baseia-se no planeamento de longo prazo. O processo de orçamentação e a preparação do orçamento consolidado, isto é o processo de elaboração da Demonstração dos Resultados Previsional, do Orçamento de Tesouraria Previsional e do Balanço Previsional (master budget) foi apresentado na Figura 2.1. A gestão do processo orçamental e as vantagens e limitações da orçamentação e do controlo orçamental foram igualmente apresentados.

Finalmente, em anexo ao capítulo é apresentado um exemplo prático da preparação de um *master budget*, designadamente a elaboração da Demonstração de Resultados Previsional, do Mapa de Fluxos de Caixa Previsionais e Balanço Previsional.

Questões

1. O que é um orçamento?
2. Quais são os elementos essenciais de um orçamento?
3. Quais as diferenças entre orçamentos e previsões *(forecasts)*?
4. Quais as vantagens e limitações do controlo orçamental?
5. O que se entende e quais os objetivos do controlo orçamental?
6. Em que consiste o controlo orçamental? Quais os cuidados a ter na adoção de um sistema de controlo?
7. Quais as principais componentes de um sistema de controlo orçamental?
8. Mobiliário Clássico é um fabricante de móveis antigos. Tem 4 empregados e vende anualmente cerca de 200 000 Euros.
   Pede-se:
   a. Indique dois benefícios do controlo orçamental.
   b. Sugira três orçamentos que a empresa deve usar para dispor de um adequado sistema de controlo orçamental.
   c. Alerte os responsáveis da empresa sobre os fatores relevantes a considerar quando pretender implementar um sistema de controlo orçamental.

Referências

Jordan, H., Neves, J. C. e Rodrigues, J. A. (2011), O Controlo de Gestão – Ao Serviço da Estratégia e dos Gestores, 9ª Edição, Áreas Editora, Lisboa.

Kaplan, R. e Norton, D. (1992). The Balanced scorecard – Measures that Drive Performance. Harvard Business Review 70, pp. 71-79.

Kaplan, R. e Norton, D. (1996). Using Balanced Scorecard as a Strategic Management System. Harvard Business Review 74, pp. 75-85.

Kaplan, R. e Norton, D. (2001). Transforming the balanced scorecard from performance measurement strategic management. Accounting Horizons (march), pp. 87-104.

Kaplan, R. e Norton, D. (2004). Strategic Maps converting intangible assets into tangible outcomes. Harvard Business School Press, Harvard.

Merchant, K. e Stede, W. (2012), Management Control Systems, Third Edition, Pearson Education Limited, England.

Niven, P. R. (2006). Balanced Scorecard Step-by-Step: Maximizing Performance and Maintaining Results. Second Edition, John Wiley & Sons, Inc. New Jersey.

Niven, P. R. (2008). Balanced Scorecard for Government and Nonprofit Agencies. 2nd edition, John Wiley & Sons, Inc. New Jersey.

Person, R. (2013). Balanced Scorecards & Operational Dashboards with Microsoft Excel, 2nd edition, John Wiley & Sons, Inc., Indianapolis.

Robbins, S. P. e Coulter, M. (2014). Management, Twelfth Edition, Pearson Education, Inc. Upper Side River, New Jersey.

Weetman, P. (2010). Management Accounting, 2nd edition, Prentice Hall, Pearson Education Limited, England.

Anexo

Exemplo Prático de Orçamentação

A empresa ABC dedica-se à produção e comercialização de dois tipos de produtos: **X** e **Y**.

Está previsto um aumento de capital que ficará representado por 30 000 ações cujo valor nominal é de 1 euro/ação.

Ao elaborar o orçamento para o ano N, a empresa estabeleceu como objetivo principal atingir um volume de vendas de 1 320 000 €.

Face ao objetivo geral referido e aos objetivos de cada departamento, foram elaborados os seguintes documentos:

A. **Orçamento de vendas**

O volume de vendas atrás definido deverá ser atingido através da comercialização de ambos os produtos, representando as vendas de **X** 37,5% do valor das vendas de **Y**.

A quantidade vendida de **X** será igual a 50% da de **Y**.

O preço de venda de **X** será de 6 €.

As vendas a efectuar durante o ano serão uniformes ao longo dos meses.

Os prazos médios de recebimentos de clientes de **X** e de **Y** serão de 2 meses e 1,5 meses, respetivamente.

B. **Orçamento de Inventários de Produtos Acabados**

No inventário de produtos acabados em 31/12/N-1, constituído por 15 000 unidades, a quantidade de **Y** representava 25% da quantidade de **X**.

Prevê-se que o inventário final de produtos acabados seja constituído por um número de unidades igual ao inventário inicial, devendo o inventário final de **Y** assegurar ½ mês de vendas.

C. **Orçamento de Aprovisionamentos**

No fabrico dos produtos **X** e **Y** é utilizada uma única matéria-prima.

Pretende-se que o inventário final da matéria-prima assegure 1 mês de produção.

Contrariamente ao stock inicial que representava ½ mês de compras, pretende-se que o stock final de matéria-prima assegure 1 mês de produção.

O stock inicial de matéria-prima está valorizado ao preço de compra do ano N-1.

Prevê-se que as quantidades de matéria-prima a comprar durante o ano N sejam iguais às do ano N-1.

O prazo médio de pagamento aos fornecedores de matéria-prima é de 1 mês de compras.

ANEXO

D. Orçamento de Gastos Gerais

Para o ano N foram previstos ainda os seguintes gastos:

- Salários   204 000 €
- FSE   93 200 €
- Outros gastos   11 600 €

Admite-se que os FSE e outros gastos serão pagos a pronto.

Admite-se que em Dezembro os trabalhadores venham a receber um prémio de desempenho correspondente a 10% do total das remunerações anuais.

E. Orçamento de Investimentos

A empresa prevê a aquisição de 2 máquinas no valor de €300 000 cada. A primeira, a adquirir em junho do ano N e a segunda será adquirida com financiamento bancário no final de dezembro/N.

Entrando em linha de conta com os ativos fixos tangíveis e intangíveis existentes, com os adquiridos e os vendidos, estima-se que as depreciações e amortizações acumuladas do ano N sejam as seguintes:

- Ativos Fixos Tangíveis   662 231 €
- Ativos Intangíveis   17 510 €

F. Orçamento Financeiro

Prevê-se que no início de novembro/N a empresa tenha que recorrer a 2 empréstimos bancários: um no valor de 10 000 euros, que será liquidado no final de abril/N+1 e outro no valor de 30 000 euros que será liquidado no final de abril/N+2.

Os juros associados a estes empréstimos a pagar no ano N são de 300€ e 1400€, respetivamente.

Os empréstimos de MLP que transitam do ano N-1 serão reembolsados no ano N+1 e pagam juros à taxa de 10% ao ano.

G. **Aplicação dos Resultados Líquidos do Ano N-1**
Serão distribuídos 20% pelos acionistas e o restante será aplicado em Reservas.

Pede-se, para o **ano N:**
1. Orçamento de vendas e mapa de clientes
2. Orçamento de produção
3. Orçamento de compras, mapa de fornecedores e custo das matérias consumidas
4. Orçamento de gastos comerciais e administrativos
5. Orçamento de investimentos
6. Orçamento de financiamentos
7. Mapa de Fluxos de Caixa em 31.12.N.
8. Demonstração dos Resultados Previsionais em 31.12.N.
9. Balanço Previsional em 31.12.N.

ANEXO

Balanço em 31/12/N-1

Ativo		Capital Próprio	
Ativo não Corrente		Capital Realizado	180 000
Ativos Fixo Tangível	758 750	Reservas	42 500
Depreciações Acumuladas	-529 581	Resultados Transitados	37 000
Valor Líquido	229 169	Resultado Líquido do Período	16 320
Ativos Intangíveis	24 920	**Total do capital Próprio**	**275 820**
Amortizações Acumuladas	-8 180	Passivo	
Valor Líquido	16 740	**Passivo não Corrente**	**32 000**
Ativo Corrente		Financiamentos Obtidos	32 000
Matérias-primas	28 020	**Passivo Corrente**	**136 307**
Produtos Acabados	78 000	Fornecedores	102 336
Clientes	74 990	Estado	33 971
Caixa e Depósitos Bancários	17 208	**Total do Passivo**	**168 307**
Total do Ativo	**444 127**	**Passivo + Capital Próprio**	**444 127**

Resolução

Quadro 1 – Orçamento de Vendas

Rubricas	Produto X	Produto Y	Total
Venda Estimadas em Unidades	60.000	120.000	
Preço Estimado Unitário de Vendas	6,00	8,00	
Total Vendas em Valor	**360.000,00**	**960.000,00**	**1.320.000,00**

Quadro 2 – Mapa de Clientes

Rubricas	Produto X	Produto Y	Total
Total Vendas	360.000,00	960.000,00	1.320.000,00
	Divide por 6	Divide por 8	
Saldo Final de Clientes	**60.000,00 €**	**120.000,00€**	**180.000,00**

Quadro 3 – Orçamento de Produção (unidades)

Rubricas (unidades)	Produto X	Produto Y	Total
Volume de Vendas em Unidades	60.000	120.000	180.000
Inventário Final Produtos Acabados	10.000	5.000	15.000
Inventário Inicial Produtos Acabados	12.000	3.000	15.000
Produção em unidades	**58.000**	**122.000**	**180.000**

Quadro 4 – Orçamento do Custo das Matérias-primas Consumidas

Rubricas	Produto X	Produto Y	Total
Volume Produção	348.000,00	976.000,00	1.324.000,00
Inventário Final MP (1 mês de produção)	29.000,00	81.333,33	110.333,33
Inventário Inicial MP	9.028,66	18.991,34	28.020,00
Compras de MP	216.687,84	455.792,16	672.480,00
CMVMC	**196.716,50**	**393.450,17**	**590.166,67**

Quadro 5 – Mapa de Fornecedores

Rubricas	Produto X	Produto Y	Total
Total de compras	216.687,80 Divide por 12	455.792,16 Divide por 12	672.480,00 Divide por 12
Saldo Final de Fornecedores	**18.057,32**	**37.982,68€**	**56.040,00**

ANEXO

Quadro 6 – Orçamento de Investimentos

Rubricas	Total
Investimentos	600.000,00
Depreciações	141.980,00

Quadro 7 – Orçamento Financeiro

Rubricas	Total
Juros Semestrais	3.200,00
Financiamento de curto prazo	40.000,00
Juros de curto prazo	1.700,00

Quadro 8 – Demonstração dos Resultados Previsionais

Rubricas	Produto X	Produto Y	Total
Vendas estimadas	360.000,00	960.000,00	1.320.000,00
Variação da produção	(12.000,00)	16.000.00	4.000,00
Total Rendimentos	348.000,00	976.000,00	1.324.000,00
CMVMC	196.716.50	393.450.17	590.166,67
Margem de contribuição	151.283.50	582.549.83	733.833,33
% das vendas	43,47%	59,69%	55,30%
Gastos gerais			329.200,00
Juros			5.200,00
Depreciações			141.980,00
Resultado Líquido do Período			**257.453,33**

Quadro 9 – Mapa de Fluxos de Caixa

Vendas no período		1.320.000,00
Clientes no final do ano		180.000,00
Clientes início do ano		74.990,00
Cash a receber clientes		**1.214.990,00**
Compras a fornecedores	672.480,00	
Fornecedores no final do ano	56.040,00	
Fornecedores no inicio do ano	102.336,00	
Cash a pagar a fornecedores	**718.776,00**	
Gastos Gerais	329.200,00	
Distribuição de dividendos	3.246,00	40.000,00
Financiamento corrente		300.000,00
Pagamento de investimento	600.000,00	30.000,00
Financiamento de investimento		
Aumento de capital		
Pagamento de juros	5.200,00	
Subtotal	1.652.940,00	1.584.990,00
Entradas Líquidas Caixa		-67.950,00
Saldo Inicial de Caixa		17.208,00
Saldo Final Caixa		**-54.242,00**

Quadro 10 – Balanço Previsional

	Ano N-1	Ano N		Ano N-1	Ano N
Ativo não corrente	783.670,00	1.383.670,00	Capital realizado	180.000,00	210.000,00
Depreciações acumuladas	(537.761,00)	(679.741,00)	Reservas	42.500,00	55.556,00
Imobilizado Líquido	245.909,00	703.929,00	Resultado transitado	33.000,00	37.000,00
Inventário produtos acabados	78.000,00	82.000,00	Resultado líquido do período	16.320,00	257.453,33
Inventário matérias-primas	28.020,00	110.333,33	Financiamentos obtidos MLP	32.000,00	372.000,00
Clientes	74.208,00	180.000,00	Financiamentos obtidos CP	0,00	54.242,00
Caixa e depósitos bancários	17.208,00	0.00	Fornecedores	102.336,00	56.040,00
			Estado	33.971,00	33.971,00
Total Ativo	444.127,00	1.076.262,33	Total Capital Próprio + Passivo	444.127,00	1.076.262,33